DE

LA DÉCADENCE

DE LA FRANCE

DE
LA DÉCADENCE

DE

LA FRANCE

PAR

M. RAUDOT (DE L'YONNE)

MEMBRE DE L'ASSEMBLÉE LÉGISLATIVE

TROISIÈME ÉDITION AUGMENTÉE

PARIS : AMYOT, RUE DE LA PAIX

1850

PRÉFACE.

Au seul titre de ce livre j'entends plus d'un vrai patriote s'écrier :

« La décadence de la France ! Mais, c'est un blasphème !

« Après avoir étonné le monde par les guerres de géants de la République et de l'Empire, la France l'étonne par ses progrès pacifiques ;

« Sa richesse augmente rapidement par le travail intelligent de ses habitants, aussi industrieux dans la paix qu'énergiques dans la guerre ;

« Ses institutions d'unité, de liberté, de démocratie sont admirées et enviées par tous les peuples de l'Europe ;

« Cette terre privilégiée et féconde produit toujours l'élite des artistes, des écrivains, et des savants ;

« Les idées de cette tête puissante de la civilisation remuent et éclairent le monde ;

« La France est toujours la première des nations ; parlez de ses progrès merveilleux et non de sa décadence. »

Et moi aussi j'ai partagé toutes ces idées ; un examen attentif, approfondi, a ébranlé, puis anéanti la foi que j'avais dans la grandeur croissante de la France.

C'est le cœur navré que j'ai rassemblé les preuves irrécusables de sa décadence. Souvent j'ai voulu renoncer à ce travail douloureux, mais je ne pouvais longtemps m'y soustraire. Lorsqu'une maladie lente détruit la santé de la personne qui vous est le plus chère et la pousse au tombeau, est-on le maître de l'oublier, et ne cherche-t-on pas sans cesse ce qui peut lui conserver la vie ? — D'ailleurs, n'est-ce pas un devoir pour le citoyen qui voit le danger de la patrie de jeter le cri d'alarme ? Vivement préoccupé des questions vitales que l'Assemblée législative va discuter, profondément inquiet sur leur solution, je me hâte de publier ce livre, que j'aurais voulu rendre plus complet et plus digne des lecteurs sérieux. Mais tout imparfait qu'il est, il suffira peut-être pour signaler l'abîme où va se perdre la patrie.

Ce livre, qui n'est pas une œuvre de parti mais de bonne foi, où tout était vrai hier, où tout sera vrai demain, était commencé depuis longtemps, lorsque la République a été proclamée. Ce grand changement sera-t-il une des phases de la décadence ou commencera-t-il, au contraire, une ère de régénération ? — La nation s'appartient, elle peut se donner la vie ou la mort : qu'elle choisisse.

DE LA DÉCADENCE

DE LA FRANCE.

CHAPITRE PREMIER.

COMPARAISON DE LA FRANCE AVEC LA RUSSIE, L'ANGLETERRE, L'AUTRICHE ET LA PRUSSE.

Pour savoir si une nation est en progrès ou en décadence, il ne faut pas se borner à l'examiner seule, mais on doit la comparer avec les autres peuples de l'univers, et surtout avec ses voisins.

Qui reste immobile quand son voisin marche, qui fait deux pas lorsqu'il en fait trois, passera bientôt du premier au second rang.

Si l'Autriche, si la Russie, si la race grecque n'a-vaient pas grandi, les Turcs, même en restant stationnaires, seraient encore une très-grande nation.

Le peuple espagnol est aussi nombreux, aussi brave que du temps de Charles-Quint; si la France, l'Angleterre et le reste de l'Europe étaient restés ce qu'ils étaient au xvᵉ siècle, la nation espagnole serait encore au premier rang.

La Hollande est aussi peuplée, aussi riche qu'à l'époque de Louis XIV, lorsqu'elle pesait d'un si grand poids dans les affaires de l'Europe; la Suède a une armée aussi belle et aussi courageuse que celle de Gustave-Adolphe, mais l'augmentation de la richesse et du commerce en Angleterre, en France et dans tous les États maritimes, l'accroissement continu des grands empires, ont rejeté la Hollande et la Suède dans un rang inférieur.

La puissance d'un peuple est toujours relative : sa grandeur doit être mesurée à celle de ses voisins. — Cette vérité étant bien reconnue, examinons la France.

§ 1er. — TERRITOIRE.

La France de Napoléon a tenu un moment plus de la moitié de l'Europe sous sa loi; mais la fortune des armes a détruit ce qu'elle avait édifié. Le territoire européen de la France est à peu près ce qu'il était en 1789; le fleuve débordé est rentré dans son lit. Nous avons gagné le comtat Venaissin, Montbéliard et Mulhausen; mais nous avons perdu Landau, Philippeville, Marienbourg, Bouillon, Sarrelouis, et hors de l'Europe, Sainte-Lucie, Tabago, l'Ile de France, et la magnifique colonie de Saint-Domingue.

Les autres grandes Puissances de l'Europe sont-elles restées comme nous à peu près dans les mêmes limites ?

Depuis 1789

La Pologne a fini par disparaître de la carte de l'Europe en 1794; un pays plus vaste que la France

et son allié a servi à l'agrandissement des rivaux
de la France;

Le grand-duché de Posen, la Poméranie Sué-
doise, l'Ile de Rughen, une grande partie de la
Saxe, plusieurs provinces sur les deux rives du
Rhin, ont presque doublé le territoire de la Prusse;

L'Autriche a perdu la Belgique, qui, séparée
complétement du reste de l'empire, était plutôt un
embarras, un empêchement, qu'une force réelle,
mais elle a gagné sa part de Pologne, Salzbourg,
Raguse et toutes les possessions vénitiennes, moins
les îles Ioniennes, c'est-à-dire un territoire plus
étendu que la Belgique, faisant corps avec ses anciennes provinces, et un magnifique débouché sur
la mer, des ports et des matelots;

La politique et la victoire ont donné à la Russie
la Courlande, la Bessarabie, la Finlande, ainsi que
les provinces situées près du Caucase, l'Abassie, la
Mingrelie, la Géorgie, Schirwan, Érivan et le
Dagesthan; le protectorat de la Moldavie et de la
Valachie prélude de nouvelles conquêtes, et enfin
la part du lion dans le partage de la Pologne;

A ses colonies de l'Amérique septentrionale, des
Antilles, de la Guyane et de Sierra-Léone, à ses
forts de Gibraltar et de Sainte-Hélène, l'Angleterre a
su ajouter la baie de Honduras, Démérary et Es-
séquibo, Sainte-Lucie, Tabago, le cap de Bonne-
Espérance, l'Ile de France, Rodrigues, les Sé-
chelles, Ceylan et Sinchapore, rival de Batavia;
Malte et les îles Ioniennes, qui commandent la Méditerranée; Helgoland, qui domine l'embouchure
de l'Elbe; Aden, clef de la mer Rouge et station de

laroute des Indes; l'île de Lebouan qui surveille les
passages de la mer de la Chine, et Hong-Kong, première conquête sur l'empire chinois. L'Angleterre a
posé, dans l'Océanie, les fondements déjà imposants
d'un nouvel empire; elle a triplé le territoire de
son merveilleux domaine des Indes, aussi grand
que la moitié de l'Europe, et qui renferme 130
millions de sujets.

En présence de ses rivaux agrandis, que devient
la France, resserrée dans ses limites de 1789,
privée de ses plus riches colonies?

Cependant la France a fait la conquête de l'Algérie, qui lui donne deux cents lieues de côtes sur
la Méditerranée, à deux jours de distance de Marseille et de Toulon, et un pays presque aussi grand
que l'Italie. Mais, depuis dix-neuf ans, l'Algérie n'a
été, pour la France, qu'une cause de dépenses
énormes : la colonisation est à peu près nulle;
l'armée mourrait de faim si une flotte ennemie supérieure interceptait les convois nécessaires à son
existence; l'Algérie n'est pas un accroissement,
mais une déperdition de forces.

On a su vaincre; on n'a pas su utiliser la victoire,
et on ne le saura pas : plus loin j'en dirai la cause.

Il est encore vrai que, depuis la révolution française de 1848, la Prusse, et surtout l'empire d'Autriche, ont paru en dissolution complète; la haute
Italie échappera peut-être aux serres de l'aigle autrichien, et les différentes races semblent vouloir se
séparer violemment. Je ne sais pas l'avenir; mais,
si de la dissolution de ces deux grands royaumes
doit sortir l'unité de l'Allemagne, la puissance re-

lative de la France sera encore bien plus faible. Un
État compacte, plus grand que la France d'un cinquième, et peuplé de 40 millions d'Allemands,
rejetterait la France au second rang, et pourrait,
en s'alliant avec l'Angleterre, causer sa ruine complète.

§ 2. — POPULATION.

Le premier élément de la puissance d'un peuple,
ce sont les hommes.

Quelle était la population de tous les grands
États de l'Europe en 1789, à la fin des grandes guerres en 1815 et au commencement de 1849[1]? (A)

	En 1789.	En 1816.	En 1848.
La France avait	30 000 000[2]	30 000 000	35 700 000
La Russie »	33 000 000	50 000 000	70 000 000
L'Autriche »	28 000 000	29 000 000	39 000 000
L'Angleterre»	14 000 000	19 500 000	29 000 000
La Prusse »	6 500 000	10 000 000	16 500 000

La France, inférieure d'un dixième à la Russie
en 1789, est dépassée de plus d'un tiers en 1816,
et presque du double en 1848.

Un peu supérieure à l'Autriche en 1789 et 1816,
elle est moindre d'un dixième en 1848.

---

[1] Les lettres alphabétiques renvoient à des notes placées à la
fin du livre.

[2] On croit généralement que la France n'avait à cette époque
que 25 à 26 millions d'habitants, mais c'est une erreur : la
France en avait au moins 30 millions ainsi que je le démontre
par des preuves évidentes à la note E.

La France, plus que double de l'Angleterre en 1789, n'a plus qu'une supériorité d'un tiers en 1816, et de moins d'un cinquième en 1848.

Quatre fois et demie plus forte que la Prusse en 1789, la France n'a plus que trois fois autant d'hommes en 1816, et un peu plus du double en 1848.

Les nations rivales augmentent donc beaucoup plus que la nation française.

Je sais que l'on dit : si la population augmente moins rapidement en France que dans tous les autres grands États de l'Europe, c'est un grand bonheur ; notre pays évitera ainsi le sort de l'Irlande où les hommes meurent de faim et les guerres sociales suscitées par la misère.

Mais le sort des masses dans la Grande-Bretagne moins l'Irlande, en Autriche, en Russie et en Prusse est-il plus misérable aujourd'hui qu'à la fin du dernier siècle, ou des grandes guerres de l'Empire? On peut soutenir hardiment le contraire, et il me semble que la guerre sociale a déjà malheureusement éclaté en France.

Dans tous les cas, le premier élément de la puissance, c'est la population, et sur ce point capital la force relative de la France ayant diminué dans une proportion énorme, plus encore que sa force territoriale relative, la France est en pleine décadence.

En 1815, d'un côté, 30 millions de Français, de l'autre, 108 millions de Russes, Anglais, Autrichiens et Prussiens; en 1849, 35 millions de Français, en présence de 154 millions.

§ 3. — ARMÉE ; REMONTE DE LA CAVALERIE.

Quoique l'infanterie soit la force principale des armées, on peut dire néanmoins : *point de cavalerie, point d'armée.*

Sans cavalerie la victoire ne peut être complète, la défaite est un désastre. Un grand corps de troupes sans cavalerie peut être harcelé, affamé, réduit à l'impuissance et à la ruine par une nombreuse cavalerie ennemie; la science militaire, l'expérience le démontrent.

Mais malgré la vaste étendue de son territoire, la France, pays essentiellement agricole, ne produit pas à beaucoup près les chevaux nécessaires à la remonte de sa cavalerie, même en temps de paix. En 1831 et en 1840, sur une crainte passagère de guerre, la France voulant augmenter ses chevaux de cavalerie, a été obligée d'en acheter à l'étranger une grande partie. Une guerre de quelques années seulement avec l'Angleterre et l'Allemagne, mettrait la France dans l'impossibilité de remonter ses régiments en chevaux convenables, même en frappant de réquisition tous les chevaux de luxe, parce qu'ils sont peu nombreux, achetés eux-mêmes en Allemagne ou en Angleterre, et que ces pays ne nous en vendraient plus. L'Angleterre, la Prusse, l'Autriche et la Russie ont d'excellents chevaux pour la cavalerie qui, bien loin de déchoir ou de diminuer depuis la paix, se sont améliorés et augmentés. La France, au contraire, malgré une paix de trente-quatre ans, troublée seulement par quelques expéditions qui n'ont pu altérer sa prospérité, s'est appauvrie ou au moins ne s'est pas enrichie en chevaux de selle indispensables à la force de son armée et à l'indépendance nationale.

§ 4. — LA MARINE.

Il est inutile de comparer sous ce rapport la France avec les Puissances continentales. La Prusse n'a point de marine militaire, et l'Autriche n'en a qu'une très-faible, quoique leurs navires marchands augmentent assez rapidement[1]. La Russie a des flottes enfermées pour ainsi dire dans des mers sans issue. D'ailleurs une guerre entre la France et ces Puissances serait bien plutôt une guerre continentale que maritime.

Bornons-nous donc à comparer la France avec l'Angleterre.

En 1788 la France avait 81 vaisseaux de ligne et 69 frégates, et l'Angleterre 118 vaisseaux et 69 frégates.

En 1827 l'Angleterre avait 606 bâtiments de guerre de toute grandeur et la France 279 plus 80 en construction.

L'Angleterre avait la supériorité de quatre contre trois à la première époque, et de deux contre un à la seconde. — Depuis, la différence est encore plus forte[2].

[1] La Prusse avait en 1831 : 662 navires jaugeant 143 965 tonneaux, et en 1843, 799 navires jaugeant 203 439 tonneaux. Voy. Dietreci.

[2] L'Assemblée législative vivement impressionnée de l'état de notre marine militaire vient d'ordonner une enquête parle-

Mais pour connaître la puissance réelle il faut moins s'arrêter au nombre des vaisseaux de guerre qu'à celui des navires marchands et des matelots.

Il n'y a point de véritable marine militaire sans matelots, et point de matelots sans commerce maritime ; double vérité incontestable. Une flotte militaire qui n'aurait point pour se recruter une nombreuse population de matelots, pourrait remporter d'abord des avantages momentanés, mais devrait bientôt succomber ou se réfugier honteusement dans le port, accablée par un ennemi qui réparerait facilement ses pertes[1].

mentaire. Les discours prononcés à cette occasion, les 30 et 31 octobre 1849, et notamment celui de M. Collas, méritent d'être lus attentivement.

[1] Depuis trente-quatre ans que l'Europe est en paix, le nombre des navires marchands et des matelots français augmente-t-il dans la même proportion que les navires et les matelots étrangers ?

Dans la période décennale de 1827 à 1836 la proportion moyenne des transports par mer pour tout le commerce de la France était de 51 par navires français et de 49 par navires étrangers ; dans la période suivante de 1837 à 1846 le pavillon français n'a plus que 46 pour 100 et les navires étrangers 54.

Pendant la période de 1827 à 1836 la part proportionnelle des deux pavillons était celle-ci dans le mouvement comparé de la navigation avec l'étranger et nos colonies, la grande pêche comprise : Navires français, nombre 45 pour 100 ; — tonnage 43 pour 100. — Navires étrangers 55 pour 100. — Tonnage 57 pour 100. — Dans la période décennale suivante, de 1837 à 1846, la proportion n'est plus que de 43 pour 100 en navires français et de 40 pour 100 de tonnage, tandis que les navires étrangers sont au nombre de 57 pour 100 et en tonnage de 60 pour 100. — Voy. le tableau officiel du commerce de la France, publié en 1848 ; et pour les renseignements sur la ma-

A la fin de 1848 la marine marchande française jaugeait 683 298 tonneaux ; la marine anglaise 3 400 809 tonneaux, non compris la marine des colonies qui était en 1846 de 617 000 tonneaux.

En 1788 le tonnage français était de 500 000 et le tonnage anglais de 1 120 000.

L'Angleterre qui a six fois plus de tonneaux n'avait que le double et quart en 1788.

Il ne faut pas se borner à savoir le nombre des tonneaux, mais connaître la force des navires. Ce n'est pas le cabotage mais le voyage au long cours qui forme les meilleurs matelots.

Au 31 décembre 1848 la marine anglaise de la métropole seule se composait de 25 618 navires dont 9 946 au-dessous
de 50 tonneaux jaugeant   294 719 tonneaux
et 15 692 au-dessus de 50
tonneaux jaugeant. . . .   3 106 090   »

Total. . . .   3 400 809   »

Tandis qu'au 31 décembre 1848 la France n'avait que 14 353 navires ; sur ce nombre 10 468 jaugeaient 60 tonneaux et au-dessous, 1706 de 60 à 100 et 5 seulement avaient de 600 à 800 tonneaux.

De 1840 à 1846 inclusive-
ment, la France a construit
6 051 navires jaugeant . . .   276 288 tonneaux ;
L'Angleterre en a construit
10 857 de. . . . . . .   1 587 742   »

rine anglaise, la notice de M. Gustave Brunet, *Annuaire de l'économie politique*, 1848, p. 284, et le *Moniteur* du 30 juin 1849.

Le navire français jauge en moyenne 45 tonneaux un tiers; et le navire anglais 146 un quart. L'Angleterre a construit cinq fois et demie autant que la France, et ses navires sont en majorité destinés au voyage de long cours, tandis que presque tous les nôtres ne peuvent faire que le cabotage.

Est-il besoin maintenant de demander si le nombre des matelots anglais a augmenté plus rapidement que le nombre des matelots français? L'accroissement proportionnel de la population étant trois fois plus considérable en Angleterre qu'en France, il était probable que l'accroissement pour les matelots avait dû être dans la même proportion; mais d'après le chiffre comparé des navires et du tonnage, cet accroissement a été plus considérable encore. Le tonnage anglais de la métropole n'était que de 2 181 000 en 1827, en vingt et un ans il s'élève à 3 400 309, plus de moitié en sus, tandis que le tonnage français était de 678 866 dans la période décennale de 1827 à 1836 et de 634 362 dans la période décennale suivante[1]. Le nombre des navires qui était en moyenne dans la première période de 14 962, descend dans la seconde à 14 428.

En résumé, la marine marchande française est au moins stationnaire en présence des immenses

[1] Il est vrai qu'une ordonnance du 18 novembre 1837 a prescrit un nouveau mode de jaugeage qui devait réduire le tonnage de 14 pour 100; mais comme entre le tonnage de 1837, qui était de 696 978, et celui de 1848 qui est de 679 863, il n'y a qu'une différence de 17 115, tandis qu'il devrait y avoir 97 000 tonneaux de moins en 1848, j'en conclus que la différence prétendue de 14 pour 100 se réduit à peu de chose en réalité.

progrès de l'Angleterre ; la France ne sera plus, à une époque très-rapprochée, qu'une puissance maritime très-inférieure, commercialement d'abord et militairement ensuite ; car point de marine militaire sans marine marchande. La France est donc en pleine décadence pour la marine qui est appelée cependant plus que jamais à jouer un rôle capital sur la scène du monde [1].

§ 5[2]. — RICHESSE.

L'accroissement de la richesse publique en France est incontestable, mais est-il aussi considérable que dans les autres grands États de l'Europe ?

[1] En 1789, le nombre des marins français classés, et qui devaient servir dans la marine royale à la première réquisition, était de 79 748 ; en 1836 le chiffre était à peu près le même, 79 716 ; mais la qualité des hommes était bien moindre. En 1789, sur les 79 748 marins, il y avait 62 962 officiers mariniers ou matelots au-dessus de dix-huit ans, et seulement 16 786 mousses ou novices. En 1836, sur 79 716 marins, il n'y a plus que 52 400 officiers mariniers ou matelots, et 27 316 mousses ou novices. En 1845 le chiffre s'est élevé à 101 306, on l'attribue à l'extension des armements de la marine militaire qui a fait augmenter le nombre des novices et mousses.

Mais sur ces 101 306 marins il n'y a que 64 946 officiers mariniers et matelots et 36 360 novices et mousses. On ne fera pas la guerre avec les novices et les mousses, mais avec les matelots au-dessus de dix-huit ans, et leur nombre est presque le même aujourd'hui qu'il y a soixante ans.

Le nombre des matelots anglais, en y comprenant les pécheurs et marins attachés aux bateaux à vapeur, dépasse 350 000.

[2] Voy. pour tous les détails de ce paragraphe les tableaux officiels du commerce de la France.

En 1846 le commerce général comprenant les valeurs des importations et des exportations réunies, sans déduction de l'importation et de l'exportation des produits étrangers ou des colonies non consommés, a porté sur une valeur de 2 milliards 437 millions. En 1827 ce commerce général n'était que de 1 168 millions.

Le chiffre du commerce général va en croissant chaque année.

En le divisant en trois périodes de cinq années nous trouvons qu'il a été

de 1832 à 1836 de. 7 705 000 000
de 1837 à 1841 de. 9 659 000 000
de 1842 à 1846 de. 11 465 000 000

Il semble d'après cet accroissement dans le commerce extérieur que la richesse de la France augmente très-rapidement.

Mais remarquons d'abord que l'armée française en Algérie ayant été augmentée successivement et portée à cent mille hommes, on a exporté de France en Algérie chaque année davantage pour nourrir nos soldats aux frais du budget de l'État. C'est un mouvement de fonds mais non une augmentation de richesse[1].

Dans la première période de 1832 à 1836 l'excédant des exportations était de. 239 000 000

[1] De 1842 à 1846 la moyenne des importations de l'Algérie en France a été de 3 200 000 seulement, tandis que la moyenne des exportations de France en Algérie a été de 75 700 000 fr.

Dans la seconde période de 1837
à 1841, au lieu d'un excédant d'exportations, excédant des importa-
tions. 71 000 000
Dans la troisième période, de
1842 à 1846, excédant des impor-
tations. 573 000 000

Les importations devenant donc successivement
beaucoup plus considérables que les exportations,
cela n'indique-t-il pas que la richesse des autres
peuples pourrait bien augmenter plus que la nôtre,
surtout lorsque l'on voit quels sont les objets les
plus considérables d'importations ?

Après les cotons, les soies et les sucres, ce sont
les céréales, les laines, les bois, les graines oléagineuses, le lin et le chanvre, les peaux, les graisses,
le tabac, l'huile d'olive, les bestiaux et les chevaux. De sorte que la France, pays essentiellement
agricole, où la population augmente beaucoup plus
lentement que dans les autres grands États, non-
seulement exporte six fois moins de produits
agricoles qu'elle n'en reçoit, mais est obligée d'a-
cheter à l'étranger des produits pareils à ceux de
son sol pour des sommes qui depuis plusieurs années dépassent 300 millions (B).

N'est-ce pas une preuve que les progrès de la
France, sous le rapport le plus essentiel, sont moins
rapides que ceux de ses voisins?

Le peu d'accroissement de la marine marchande
française ou plutôt sa diminution ne sont-ils pas
aussi une preuve indirecte que nous avons été dé-

passés sous le rapport des produits par nos voisins?

Mais il en est une autre plus générale et plus certaine.

La France est le pays où la population s'est accrue le moins rapidement; on peut en conclure que c'est le pays où très-certainement les produits de l'agriculture et très-probablement les produits industriels se sont accrus le plus lentement.

Trois choses qui sont de première nécessité : la nourriture, le logement et le vêtement, constituent la presque totalité du capital et du revenu d'une nation.

L'accroissement de la population suppose nécessairement l'accroissement des maisons, des vêtements et des produits agricoles; s'il en était autrement, les hommes seraient en proie à la misère et à la famine.

Un grand peuple ne peut être nourri que par son sol, ou s'il a recours aux produits alimentaires étrangers, ce n'est toujours que dans une faible proportion. Pour transporter des pays étrangers, non point par terre, ce qui serait complétement impossible, mais par mer, le blé nécessaire à la nourriture de la population française pendant vingt jours, tous les vaisseaux marchands de la France entière ne seraient pas suffisants.

Quant aux objets manufacturés destinés aux vêtements des hommes, ils doivent augmenter également, en raison de la population; la masse d'un grand peuple est toujours habillée par les manufactures petites ou grandes du pays même, et si on achète une partie des vêtements, la moins considérable, à l'étranger, c'est que les acheteurs ont trouvé dans l'accroissement d'autres richesses les moyens de la payer.

Les produits de la France ont sans doute augmenté dans une proportion considérable, puisque pour nourrir, loger et vêtir 5 millions 700 mille Français qui existent aujourd'hui de plus qu'en 1816, à 160 fr. seulement par personne, la France doit nécessairement avoir accru son revenu brut de 912 millions. D'ailleurs, en général en France, le bien-être a fait des progrès sensibles. Mais la richesse de la France ne s'est-elle pas accrue beaucoup moins rapidement que celle des autres grands États de l'Europe? Sans nul doute, puisque leur population qui, à la considérer en masse et sauf dans une partie de l'Irlande, n'est pas plus mal logée, plus mal vêtue, plus mal nourrie qu'elle ne l'était en 1816, a augmenté beaucoup plus rapidement qu'en France.

L'Autriche avait 29 millions d'habitants en 1816, elle en a aujourd'hui 39, sa richesse a dû nécessairement comme sa population s'accroître au minimum de 34 pour 100.

La Russie avait 50 millions en 1816, elle a aujourd'hui 20 millions de plus; sa richesse s'est accrue au moins de 40 pour 100. Et je ne parle pas ici de ses mines d'or et d'argent de l'Oural.

L'Angleterre, sans l'Irlande que je ne compte pas à raison de son état misérable, avait en 1816 13 millions et demi d'habitants, aujourd'hui elle a 8 millions de plus; sa richesse s'est accrue au minimum de 59 pour 100.

La Prusse avait 10 millions d'habitants en 1816,
elle en a aujourd'hui 6 millions et demi de plus; sa
richesse s'est accrue au minimum de 65 pour 100.

Et la France qui avait en 1816 30 millions d'habitants, n'en a aujourd'hui que 5 millions 700 mille
de plus; sa richesse s'est accrue au minimum de 19
pour 100 seulement.

Ainsi, la richesse, proportion gardée avec ce
qu'elle était en 1816 dans les différents États, s'est
accrue nécessairement,

En Autriche près de deux fois;
En Russie deux fois et demie;
En Angleterre trois fois;
En Prusse plus de trois fois davantage qu'en
France.

Pour faire comprendre cette infériorité de la
France dans l'accroissement de la richesse comparé
avec celui de ses voisins, examinons quel est aujourd'hui le revenu foncier de l'Angleterre et le revenu de la France, et nous serons effrayés de la
différence.

En 1847 le produit de la taxe sur les propriétaires fonciers ayant au delà de 3750 fr. de revenu, et fixée à 2 fr. 92 cent. pour 100 francs,
suppose un revenu pour les propriétaires d'Angleterre et d'Écosse seulement, de 2 milliards 230
millions 37 mille fr.[1]; en y ajoutant les revenus
des propriétaires ayant moins de 3750 francs et

---

[1] Dans la première édition de cet ouvrage j'avais indiqué,
d'après la *Revue des Deux-Mondes,* un chiffre supérieur; j'explique l'erreur dans les notes.

ceux de l'Irlande, très-certainement le sol du Royaume-Uni donne un revenu net supérieur à 3 milliards (C).

La totalité de la propriété foncière en France ne rapporte pas 2 milliards nets. Le principal de la contribution foncière s'élève pour toute la France en 1849 à 159 119 000 fr. L'administration estime que ce chiffre doit être multiplié par 12 $\frac{1}{2}$ pour connaître le revenu net, qui serait de 1 988 987 000 fr.; et certainement, en disant que le propriétaire qui paye 100 fr. d'impôt foncier en principal, a 1250 fr. de revenu net, l'administration exagère plutôt le revenu qu'elle ne le diminue.

L'impôt foncier de toute la France, y compris les centimes additionnels de toute espèce, s'élève en 1849 à 281 274 204 fr.; il est impossible de prétendre que cet impôt n'atteint pas au moins le septième du revenu net; dans bien des localités il s'élève au sixième et même au cinquième. Le septième suppose un revenu total de 1968 millions pour le sol entier de la France, y compris les propriétés bâties.

Ainsi, la totalité de la propriété foncière de la France rapporte à peine en revenu net les deux tiers de la propriété foncière du Royaume-Uni de l'Angleterre.

Quelle effrayante infériorité pour la France!

Que serait-ce si nous faisions la comparaison des revenus industriels et commerciaux ainsi que des capitaux des deux pays?

§ 6. — DETTES DE LA PROPRIÉTÉ FONCIÈRE EN FRANCE [1].

Au 1er juillet 1832, les inscriptions hypothécaires non rayées ni périmées s'élevaient à plus de 11 milliards (11 233 265 778).

Au 1er juillet 1840, elles avaient augmenté de plus de 1300 millions (1 310 832 822), soit de 163 millions par an en moyenne, et s'élevaient à plus de 12 milliards et demi (12 544 098 600).

Depuis 1840, le chiffre a augmenté dans une proportion plus forte encore, attendu que les ventes immobilières, qui sont une des grandes causes des hypothèques, ont été toujours en croissant. Dans les sept années de 1841 à 1847, les droits payés à l'enregistrement pour ventes d'immeubles se sont élevés, en moyenne par année, à 95 079 000 fr.; tandis que dans les huit années de 1833 à 1840, ils n'avaient atteint en moyenne chaque année que 79 157 000 fr.

D'un autre côté, les droits sur les hypothèques qui, dans les huit années de 1833 à 1840, avaient produit 1 725 000 fr. annuellement et en moyenne, se sont élevés dans les sept dernières années de 1841 à 1847 à 2 090 000 fr. annuellement en moyenne.

D'après les documents officiels, les prêts hypothécaires se sont élevés à 519 278 139 fr. en 1840; à 491 575 820 fr. en 1841; et à 509 555 003 fr. en 1842.

[1] Voy. pour tous les détails de ce paragraphe les comptes rendus officiels.

Il est certain qu'en 1849 le chiffre des inscriptions hypothécaires atteint 14 milliards.

En déduisant de ce chiffre les créances éventuelles sur les biens des comptables, tuteurs, etc., qui, en 1840, s'élevaient à 1 250 000 000, il existe aujourd'hui au moins 12 milliards et demi d'hypothèques ou priviléges de vendeurs portant intérêt.

Nous savons que parmi ces inscriptions, il en est qui font double emploi et beaucoup d'autres dont la dette a été remboursée ; pour éviter des frais, on attend qu'elles soient périmées par le temps, une inscription non renouvelée étant éteinte au bout de dix ans ; mais si des dettes encore inscrites ont été remboursées, l'accroissement considérable de nouvelles inscriptions prouve que les dettes qui s'éteignent sont plus que remplacées par des dettes nouvelles ; et d'ailleurs, combien de propriétaires ont des dettes sur simples billets ou sur obligations qui n'emportent pas hypothèque ! En France, le propriétaire n'emprunte sur hypothèque que lorsqu'il est déjà gêné, lorsqu'il n'a plus de crédit.

Certainement on pourrait soutenir avec juste raison qu'il n'y a pas même compensation, et que les dettes non inscrites sont bien supérieures au chiffre des inscriptions faisant double emploi ou dont la dette a été payée. Mais admettons, avec l'administration, que la compensation soit à peu près exacte, il y a au moins 12 milliards et demi de dettes, portant intérêt, sur la propriété foncière de la France, et cette charge va en croissant chaque année. L'intérêt ne peut pas être estimé, à raison des frais d'actes, à moins de 6 pour 100, et pour la totalité, à moins de 750 millions par an.

Nous avons vu dans le paragraphe précédent que le revenu net de toute la propriété foncière de la France s'élève à peine à 2 milliards, sur quoi il faut déduire 281 millions qu'elle paye aujourd'hui en impôt direct, sans compter tant d'autres impôts indirects, restent 1 milliard 700 et quelques millions.

De sorte que l'intérêt des dettes qui pèsent sur la propriété foncière en France absorbe non pas précisément la moitié, mais beaucoup plus du tiers de son revenu net.

Comme conséquence obligée, le nombre des ventes forcées d'immeubles va sans cesse en croissant. Le chiffre des saisies immobilières, qui était en 1841 de 4016, s'élevait en 1847 à 7659, et les ventes de biens de faillis, qui étaient en 1841 de 311, s'élevaient en 1847 à 526; du chiffre de 2618 en 1840 les faillites montent à 4762 en 1847.

Et l'on s'applaudit des progrès de la prospérité publique, et l'on ne voit pas que l'on touche à ces temps critiques de la république romaine, où les dettes causaient des révolutions !

§ 7. — TAILLE ET SANTÉ DES HOMMES.

Avant 1789, le minimum de la taille était pour le soldat d'infanterie de ligne de 5 pieds 1 pouce; pour le soldat de cavalerie, de 5 pieds 3 pouces; pour le soldat des bataillons provinciaux (la mi-

lice), de 5 pieds (art. 13 de l'ordonnance du
5 mars 1776 et art. 3, titre iv de l'ordonnance
du 1ᵉʳ décembre 1774) (D).

A l'époque de la république et de l'empire, on
finit par prendre tous les hommes valides, même
au-dessous de la taille autrefois exigée.

Après les grandes guerres, en pleine paix, alors
qu'on réduisait l'armée à peu près à ce qu'elle était
avant la révolution, la loi du 10 mars 1818 fixa le
minimum de la taille à 1 mètre 57 centimètres,
c'est-à-dire que le soldat qui, avant 1789, lorsque
le service était volontaire[1], ne devait pas avoir
moins de 5 pieds 1 pouce, pouvait, trente années après, n'avoir que 4 pieds 10 pouces à peine
(4 pieds 9 pouces 11 lignes $\frac{975}{1000}$), quoique le service fût obligatoire et qu'on eût à choisir sur la
population entière. Avec ce minimum si abaissé,
il s'est trouvé dans certaines années plus de 20 000
jeunes gens exemptés pour défaut de taille.

La loi du 11 décembre 1830 réduisit le minimum de la taille à 1 mètre 540 millimètres (4 pieds
8 pouces 10 lignes $\frac{1}{2}$). Mais, sur les réclamations
des inspecteurs généraux, qui déclarèrent que le
recrutement des armes spéciales deviendrait im-

---

[1] Il était défendu aux soldats des bataillons provinciaux de
s'engager dans l'armée de ligne. Et comme, d'un autre côté,
le recrutement de cette armée, où il y avait au moins, même en
temps de paix, 130 mille soldats français, était volontaire, et que
les engagements n'étaient pas à vie, mais pour un temps qui n'ex-
cédait pas huit années, et comme, d'un autre côté, la grande
majorité des jeunes gens ne désirait pas être soldat, il fallait
nécessairement que la taille de 5 pieds 1 pouce fût très-commune
en France, pour trouver le nombre de volontaires suffisant (D).

possible, la loi du 21 mars 1832 éleva le minimum à 1 mètre 560 millimètres, ce qui, comparativement à la loi de 1818, abaissait ce minimum de 1 centimètre ou de 4 lignes ½ environ.

La loi de 1848 sur la mobilisation de 300 bataillons de gardes nationales vient encore pour ces corps d'abaisser le minimum de 1 centimètre.

Ces réductions ne se sont pas faites sans causes.

En effet, il n'y avait pas un nombre restreint de jeunes gens, n'ayant pas la taille de 1 mètre 56 centimètres (4 pieds 9 pouces 7 lignes). Dans les années qui ont précédé 1843, pour un contingent de 80 000 hommes, 13 437 jeunes gens en moyenne par année n'ont pas même atteint cette taille, qui approche si fort cependant de celle des Lapons.

Si aujourd'hui on exigeait la taille de 5 pieds, comme avant 1789 pour les 76 000 soldats provinciaux (la milice), il y aurait un bien plus grand nombre de recrues déclarées impropres au service. Dans les huit années de 1839 à 1845, il y a eu en moyenne 21 951 recrues déclarées chaque année bonnes pour le service, qui avaient de 1 mètre 56 centimètres à 1 mètre 624 millimètres, c'est-à-dire moins de 5 pieds. De sorte qu'avec la taille du soldat de milice avant 1789, il y aurait aujourd'hui, sur les 72 ou 73 000[1] hommes enrôlés chaque année, 22 000 environ qui devraient être déclarés impropres au service ; plus de 120 000 des soldats actuellement sous les drapeaux devraient être renvoyés.

---

[1] Sur le contingent de 80 000 hommes, 7 à 8 mille sont déduits comme élèves de diverses écoles, engagés volontaires, etc.

De 1839 à 1845, il y a eu en moyenne 37 326 recrues déclarées bonnes pour le service, qui avaient de 1 mètre 56 centimètres à 1 mètre 651 millimètres, c'est-à-dire au-dessous de 5 pieds 1 pouce. De sorte qu'avec la taille exigée avant 1789 pour les soldats de l'armée de ligne, il y aurait aujourd'hui chaque année, sur 72 ou 73 000 jeunes soldats, 37 000 qui seraient déclarés impropres au service pour défaut de taille; de sorte que plus de la moitié de notre armée devrait être renvoyée comme impropre au service.

Si on exigeait aujourd'hui la taille de 5 pieds 1 pouce pour l'armée, en conservant le chiffre de 80 000 recrues par an, il serait impossible, même en épuisant les contingents, de trouver ce nombre d'hommes. Il faudrait, pour les obtenir, supprimer toutes les exemptions, comme fils de veuve, frère de militaire, etc., et encore à peine arriverait-on à trouver 80 000 hommes valides et de la taille de 5 pieds 1 pouce.

Il est vrai que dans les dernières années on a remarqué une légère amélioration sous le rapport de la taille, mais le nombre des infirmes, par une triste compensation, a beaucoup augmenté. Examinons l'état des jeunes gens exemptés pour infirmités ou défaut de taille depuis que la loi de 1832 a fixé le minimum de la taille à 1 mètre 56 centimètres.

Dans les sept classes de 1831 à 1837, en y comprenant ceux qui ont été réformés au corps pour infirmités contractées avant d'y entrer, il y a eu 459 000 exemptés et 504 000 reconnus bons pour le service.

Dans les sept classes de 1839 à 1845, 491 000 ont été exemptés, 486 000 seulement ont été déclarés bons pour le service.

Ainsi, dans la première période, sur 100 conscrits, 45 $\frac{1}{2}$ sont infirmes ou nains; dans la seconde, 50 $\frac{1}{2}$ sont dans cette triste position[1].

Voilà l'état de la jeunesse française, et dans les 18 dernières années qu'on regarde généralement comme si prospères, sa force a diminué et sa santé s'est altérée. Par l'état des jeunes Français de 21 ans, constaté ainsi de la manière la plus authentique, on peut juger avec certitude l'état de faiblesse, de débilité d'une grande partie de la population française et des progrès dans le mal[2].

[1] Il semble au moins qu'après tant d'exemptions tous les jeunes soldats de notre armée devraient être robustes et propres au service. Eh bien ! d'après le rapport du 5 avril 1849, présenté à l'Assemblée nationale par le général de Lamoricière, au nom de la commission sur l'organisation de la force publique, il y a une perte moyenne, pour cent hommes

ayant 1 an   de service, de 7 50
      2 ans,   »   6 50
      3 ans,   »   5 50
      4 ans,   »   4 50
      5 ans,   »   3

Ce n'est qu'après la sixième année qu'il n'y a plus qu'une perte de deux pour cent et qui se maintient dans les années suivantes. Il est vrai que, dans les pertes, se trouvent ceux qui ont été renvoyés pour infirmités contractées avant d'être incorporés et dont nous venons déjà de parler.

[2] On objecte que, d'après les calculs d'un savant célèbre, M. Ch. Dupin, la vie moyenne, de 1770 à 1845, s'est allongée de onze années. C'est une singulière exagération, qui s'appuie

§ 8. — MORALITÉ.

Depuis 1825, le gouvernement publie chaque année le compte de la justice criminelle en France.

Le nombre des accusés devant les cours d'assises est à peu près stationnaire, il a été, en moyenne, pendant 10 ans, de 1826 à 1836, de 7298 par an, et pendant les 10 années suivantes, de 1836 à 1845, de 7494[1]. Comme la population a augmenté de 6 pour 1000 environ par année, il semble qu'il y ait eu amélioration dans la moralité de la nation.

Mais le chiffre est resté stationnaire, parce qu'une modification de la loi pénale et une jurisprudence qui tend à écarter les circonstances aggravantes, ont fait juger par les tribunaux correctionnels un grand nombre de faits qui auraient été autrefois justiciables des cours d'assises.

En 1826, ces tribunaux n'avaient jugé que 108 390 affaires et 159 740 prévenus; en 1845, ils ont eu 152 923 affaires et 197 913 prévenus; et en 1847, 184 922 affaires et 239 291 prévenus.

Mais il est surtout à remarquer que ce sont les délits les plus graves qui ont augmenté. Tandis que les affaires suivies à la requête des parties civiles

sur une erreur capitale de statistique adoptée officiellement en France depuis 70 ans et relative à une question de la plus haute gravité. Que le lecteur veuille bien lire avec attention les preuves de cette double erreur dans la note (E).

[1] Le nombre des accusés a été de 6908 en 1846 et de 8704 en 1847, accroissement énorme qu'on attribue à la cherté des grains et à l'approche de la révolution.

et des administrations publiques restent à peu près stationnaires, les affaires poursuivies à la requête du ministère public se sont élevées de 34 908, en 1827, à 80 891 en 1846 et 95 914 en 1847, et le nombre des prévenus s'est élevé de 47 443 à 101 433 et 124 159 dans les mêmes années.

De 1826 à 1844, pendant 19 ans, le nombre des prévenus de mendicité, de banqueroute simple a plus que triplé, celui des prévenus de vagabondage, de rébellion, d'outrages et violences envers des fonctionnaires ou agents de la force publique s'est accru de plus d'un tiers, celui des prévenus de vols simples, d'escroqueries, d'abus de confiance, de délits contre les mœurs a plus que doublé.

Mais ce qu'il y a de plus affligeant, c'est l'accroissement rapide des délits commis par des mineurs. En 1826, sur 159 841 prévenus devant les tribunaux correctionnels, 17 841 avaient moins de 21 ans; en 1847, leur nombre s'élève à 34 559, sur 239 291 prévenus.

En 1827, première année où l'on a constaté les suicides, ils étaient au nombre de 1542, en 1845 il y en avait 3084 et 3647 en 1847; les suicides ont doublé et les morts accidentelles, qui n'étaient en 1827 qu'au nombre de 4744, ont atteint le chiffre de 6908 en 1845 et de 8743 en 1847, accroissement énorme qui ferait supposer que parmi ces morts accidentelles il pourrait y avoir plus d'un suicide ou plus d'un crime inconnu.

CHAPITRE II.

CAUSES DE LA DÉCADENCE ET DES RÉVOLUTIONS DE LA FRANCE.

Si les preuves de la décadence relative de la France sont incontestables, il ne faut pas continuer à dire : la France a des institutions plus parfaites que celles de ses voisins, donc ses progrès doivent être plus rapides ; le fait est au-dessus de la supposition ; mais il faut dire au contraire : la France est continuellement en révolution, comme un malade qui s'agite, croit trouver dans le changement un soulagement à ses maux et ne fait que les aggraver, la France est en décadence, donc elle s'appuie sur des institutions funestes et sur des principes faux.

Si l'arbre était bon il porterait de bons fruits, il est mauvais puisqu'il donne de mauvais fruits.

Examinons donc ces institutions et ces principes.

TITRE PREMIER.

LA CENTRALISATION.

« L'Europe nous envie, tout le monde le dit en France, la centralisation puissante qui réunit en un seul faisceau toutes les forces de la France,

« Qui ne forme qu'un seul peuple homogène, où toutes les différences de langage, de races,

d'idées disparaissent, où les habitudes, les mœurs,
les caractères, les sentiments deviennent de plus
en plus et partout les mêmes,

« Qui veille sans cesse au bon ordre et à la prospérité publique, et empêche jusqu'au moindre abus
qui pourrait se glisser dans l'administration de la
plus petite commune, comme du département le
plus riche, qui semble réaliser le pouvoir de Dieu
embrassant d'un regard l'ensemble et les détails,
réglant tout, donnant la vie à tout dans sa suprême
sagesse. »

Aux éloges pompeux de la centralisation oppo-
sons la réalité, à l'enthousiasme la froide raison.

La centralisation de l'armée, de la marine, des
finances de l'État, des relations avec les puissances
étrangères, la centralisation gouvernementale, en
un mot, qui réunit toutes les forces de l'État et as-
sure la grandeur de la France, ne peut trouver,
comme l'unité de législation, que des partisans et
des admirateurs parmi les hommes de sens et les
bons Français, mais la centralisation de toutes les
affaires provinciales et communales, de tous les
intérêts, de toutes les existences, de toutes les
idées, de toutes les gloires, de toute la vie d'un
grand peuple dans sa capitale, c'est là une des
grandes causes de la décadence de la France.

Le gouvernement français, jusqu'à ces derniers
temps, avait le droit de nommer à peu près tous
les fonctionnaires publics de la France entière : le
nombre en est immense[1]. Comme le gouvernement
perçoit lui-même, en régie, tous les impôts di-

____

[1] Le nombre des agents salariés de tout grade et des ci-

rects ou indirects et administre à peu près tout en France, il a dans ses mains l'existence d'une multitude innombrable de personnes, et son influence s'étend sur la foule encore plus grande des solliciteurs. Les fortunes étant généralement très-médiocres, chacun veut augmenter son bien-être en prenant part au budget de l'État, et toute la France pour ainsi dire sollicite.

D'un autre côté, le gouvernement regarde comme un bonheur d'avoir tant de serviteurs obséquieux, de là rivalité entre le gouvernement et une partie du public pour augmenter continuellement le nombre des places.

Presque tous ces fonctionnaires sont dans la dépendance absolue du gouvernement et hors de toute action des particuliers. Ils ne peuvent être poursuivis pour délits commis dans l'exercice de leurs fonctions par personne, ni citoyen, ni commune, ni association, ni ministère public, sans l'autorisation du conseil d'État qui, lui-même, jusqu'à ces derniers temps, dépendait entièrement du gouvernement. Les juges seuls des tribunaux sont inamovibles, et encore, grâce aux différentes catégories de juges plus ou moins payés, le gouvernement exerce une grande influence sur presque

toyens touchant des retraites ou émoluments est de 535 365, non compris 18 000 agents ou légionnaires payés sur le budget de la Légion d'honneur, 15 000 cantonniers de route, et les agents de tous grades dépendant du ministère de l'agriculture et du commerce dont le chiffre n'a pas été donné. Il est vrai que 300 000 agents sont payés par les communes, mais plusieurs sont choisis et nommés par le ministre ou les préfets. (Page 64, Ier vol. du Budget de 1850) (F).

tous les juges par l'espérance d'obtenir une place meilleure.

Il n'existe pour ainsi dire que deux ordres de fonctionnaires indépendants, parce qu'ils ne sont pas payés, les membres des tribunaux de commerce et les maires et adjoints ; et encore !

Les conseils municipaux ne peuvent prendre la moindre délibération , les administrateurs des communes ne peuvent exécuter le moindre travail, sans l'autorisation préalable du ministre ou du préfet, ils n'ont pas même le droit de choisir les principaux agents et les fonctionnaires payés par la commune, et pour une partie notable des biens des communes, pour leurs bois, les maires n'ont pas le droit de s'en occuper, une administration embrassant la France entière est chargée de les administrer seule.

Quant aux affaires des départements, aux travaux exécutés avec l'argent du département, les préfets seuls en sont chargés, les conseils généraux n'ont que des avis à donner une fois par an, et les préfets sont dans la dépendance absolue du ministre.

Une cour unique siégeant à Paris apure les comptes de tous les receveurs ou payeurs non-seulement de l'État, mais des départements et des communes principales.

Le contentieux administratif de toute la France est soumis au conseil d'État qui siége à Paris.

On ne peut établir une usine, un barrage, exploiter une mine, faire des règlements sur la boucherie, sur la vente et distribution des eaux de

fontaine et rivière et sur les alignements , dessé-
cher des marais, former des sociétés anonymes,
entreprises d'assurances et de tontine, faire un don
à des établissements publics , sans que le conseil
d'État donne son avis et que le gouvernement
prononce.

Il n'est pas un coin de terre en France, pas un
homme si modeste que soit sa position qui ne
sente ce pouvoir multiple de la centralisation.

Examinons son effet sur toutes les parties du
corps social; mais dans tout ce qu'on va lire qu'on
ne voie jamais une critique des personnes ; je suis
plein de sympathie pour les personnes même lorsque je déteste les institutions.

§ 1.—EFFETS DE LA CENTRALISATION SUR LES FONCTIONNAIRES ET SUR LES AFFAIRES.

Pour rendre cette centralisation praticable, il a
fallu diviser tous les fonctionnaires par carrières
spéciales, où chacun fait une seule chose et presque
jamais une autre. On est toute sa vie membre d'une
administration , des contributions directes , par
exemple, ou des postes, ou de l'enregistrement, ou
des contributions indirectes, ou des forêts, ou des
douanes, ou des tabacs ; l'un sera sous-préfet, ou
préfet, l'autre magistrat, un troisième militaire
et dans une arme qu'il ne quittera plus, un qua-
trième ingénieur. Chacun parqué dans sa spécialité n'en sort pas, le principe de la division du travail a été appliqué à la grande exploitation de la
France, et ce principe produit ses résultats accou-

tumés, chacun devient un des rouages de la machine.

Ces fonctionnaires qui presque toujours ont commencé très-jeunes à faire ce qu'ils doivent toujours faire, ne voient les hommes et les choses que d'un seul point de vue, leurs idées finissent par prendre la forme du moule où on les a jetées, et ils rappellent le crâne de certains sauvages déformés par leurs parents sous prétexte d'une plus grande régularité.

Ces fonctionnaires finissent tous par regarder comme chose impossible de faire autrement et de faire mieux que ce qu'ils ont toujours fait; avec eux la routine est souveraine et la destruction des abus impossible.

Pour l'admission aux fonctions publiques, l'avancement et les spécialités, nous entrons de plus en plus dans le système chinois et nous avons les progrès des mandarins.

La centralisation veut, de Paris, diriger tous ces fonctionnaires, savoir tout ce qu'ils font; elle les tient continuellement à la lisière, même ceux de l'ordre le plus élevé, leur ôte ainsi toute influence personnelle sur les populations; elle craint de les laisser dans leur pays parce qu'ils pourraient y conserver une indépendance, une volonté et une influence à eux, elle les accoutume à n'avoir pas de volonté, à courir sans cesse du nord au midi et du midi au nord à la poursuite de l'avancement, à recevoir sans cesse l'impulsion d'en haut. Aussi dans les départements les agents les plus élevés du gouvernement n'ont point d'initiative; s'ils ne reçoivent pas d'ordres de Paris, ils hésitent, ne savent quel parti prendre. Dans les occasions difficiles, livrés à eux-mêmes, ils ressemblent au pauvre aveugle qui a perdu la main de son conducteur. On a vu ce triste spectacle dans les dernières révolutions de la France, on le verra encore.

Ce ne sont pas les scrupules de conscience qui les paralysent; qu'ils reçoivent un ordre quel qu'il soit, ils l'exécuteront bien ou mal, mais il leur faut un ordre. L'arbre qu'on a plié dans sa jeunesse, et pendant de nombreuses années, reste toujours courbé et ne peut jamais se relever.

Mais si ces fonctionnaires sont sans dignité, sans volonté devant le pouvoir central, ils font souvent sentir aux particuliers et aux communes leur puissance tracassière; inviolables pour ainsi dire puisqu'ils ne peuvent être poursuivis devant les tribunaux qu'avec l'autorisation du conseil d'État, protégés par l'esprit de corps, toujours si puissant, ils peuvent être impunément les agents de l'arbitraire et du despotisme.

L'administration centrale voulant se mêler de tout, régler les moindres affaires, est la plus paperassière qu'il y ait au monde; chaque préfecture, chaque ministère sont encombrés, il faut dans chaque préfecture une compagnie de commis et dans chaque ministère un corps d'armée.

Le préfet accablé sous les détails, n'a pas le temps de s'occuper sérieusement des grandes améliorations à provoquer ou à faire. Dans un département moyen le préfet reçoit chaque jour soixante à soixante-dix paquets qui contiennent cent af-

faires environ, et il doit donner quarante mille signatures au moins dans l'année. Les commis qui
n'ont point de responsabilité, dont la vue ne s'é-
tend guère au delà de leur bureau, prennent nécessairement une influence considérable sur l'ex-
pédition des affaires. Elle est d'autant plus grande
que les préfets ne font souvent que paraître et
disparaître.

Aux ministères, c'est encore pis : les affaires de la
France entière y affluent. Si tous les procès jugés
aujourd'hui souverainement par les cours d'appel
devaient être instruits seulement en province et
jugés à Paris par le garde des sceaux, ou plutôt
par les commis de la chancellerie, il n'y aurait
qu'un cri d'un bout de la France à l'autre contre un
système aussi monstrueux. Eh bien ! ce qui révol-
terait pour la justice s'exécute complétement pour
l'administration de la France entière.

Le temps employé à éconduire les solliciteurs
qui viennent fondre sur lui de toutes les parties de
la France, à signer des monceaux de pièces qu'il
est dans l'impossibilité de lire, les discussions
souvent minutieuses des Chambres, absorbent le
ministre, de sorte qu'il lui est impossible de s'occuper des grandes mesures et de faire des études
sérieuses pour la réforme d'institutions mauvaises
ou la création de grandes choses. Les ministres
semblent régner, les commis gouvernent, de leur
mieux, sans doute, mais Dieu sait comme !

Les ministres deviennent des machines à signatures ; et comme par l'accroissement continuel du
nombre des signatures ces machines ne pouvaient

suffire à la besogne, il a fallu en augmenter le nombre. On a créé de petits ministres qui naturellement, voulant augmenter leur importance et rivaliser avec leurs aînés, ne peuvent y parvenir qu'en augmentant encore la centralisation, qu'en faisant exécuter plus de choses encore par l'État, qu'en dépensant plus d'argent. Les petits ministres veulent devenir grands et ne le peuvent qu'aux dépens des administrés et des contribuables.

En multipliant les ministères et en accroissant les attributions du conseil d'État, on a multiplié les rouages; les affaires doivent passer souvent dans deux, trois, quatre ministères pour recevoir une solution définitive, on a de cette manière accru deux, trois, quatre fois les lenteurs et les servitudes de la centralisation.

Je sais que contre les abus, ou peut-être en faveur des abus, on a imaginé la responsabilité ministérielle. Les ministres sont responsables non-seulement de leurs actes, mais encore de tous les actes de tous leurs agents. Cette responsabilité immense, imposée à de pauvres ministres qui n'ont pas même le temps de lire ce qu'ils sont obligés de signer, et dont on pourrait bien dire aussi : *Pardonnez-leur, car ils ne savent ce qu'ils font;* cette responsabilité impossible est un grand mot vide de sens, une véritable dérision : c'est l'anéantissement de toute responsabilité réelle et la consécration de l'omnipotence bureaucratique et despotique.

En résumé, un véritable administrateur est une rareté, un homme d'État un prodige en France.

Nous avons bien des maçons, des manœuvres,

des charpentiers, des chefs d'atelier, des entrepreneurs, beaucoup de surveillants divers, mais point d'architectes; ceci explique comment nous avons si souvent la confusion des langues.

§ 2. — EFFETS DE LA CENTRALISATION SUR LES ADMINISTRÉS ET SUR LA PROSPÉRITÉ PUBLIQUE.

L'inviolabilité assurée aux fonctionnaires, la centralisation et ses mille bras qui peuvent vous atteindre partout ont pour résultat de rendre les citoyens timides et tremblants toutes les fois qu'ils ont des intérêts à débattre avec l'État ou ses agents; ils sentent leur impuissance, se taisent ou se courbent en attendant ou en appelant une révolution.

Cet état de choses joint à la médiocrité des fortunes, fait désirer à une multitude de personnes de devenir fonctionnaires publics afin d'avoir leur part de puissance et de budget. Aussi le gouvernement voit-il sans cesse dans ses antichambres une nation de mendiants d'élite qui lui demandent l'aumône d'une place.

Le gouvernement n'a pas même eu assez des particuliers solliciteurs de places et de faveurs. Il se fait attribuer des sommes pour donner en secours, c'est-à-dire en aumônes, il a imaginé divers moyens de rendre les communes, les départements, les populations entières solliciteurs en grand. Sans compter les travaux publics qui sont un puissant moyen de tenir des pays entiers dans sa dépendance, la centralisation lui accorde des fonds qu'il distribue selon sa volonté aux bureaux de bienfaisance et aux établissements destinés à soulager la misère, aux communes et aux départements pour fonder des écoles, faire des suppléments de traitement aux professeurs de leurs colléges, construire des bâtiments, réparer des monuments historiques, venir en aide à l'insuffisance de leurs ressources. Ce système a en outre l'inconvénient de perpétuer, en leur donnant la faculté de vivre aux dépens de la masse, des communes beaucoup trop petites, trop pauvres et qui devraient être réunies aux communes voisines.

Ainsi les populations sont sans cesse excitées à solliciter pour obtenir l'aumône du gouvernement, et en France, particuliers, communes, hospices, bureaux de bienfaisance, départements tendent sans cesse la main au ministre.

Et comment tout cet argent est-il donné? A ceux qui en ont le plus besoin? C'est tout simplement impossible. Les secours aux particuliers sont donnés souvent bien plus aux importunités qu'au malheur. En 1847, sur un crédit de 420 000 fr. pour secours éventuels, 232 902 fr. ont été payés à Paris et 72 636 fr. seulement sur mandats des préfets, dans tous les départements ; sur le crédit des secours annuels, 40 973 fr. ont été payés à Paris et 3480 fr. seulement dans tous les autres départements.

Parmi les milliers de bureaux de bienfaisance ou établissements charitables de la France, comment le ministre peut-il savoir ceux qui ont le plus de droits à ses faveurs? Souvent les localités les plus pauvres, qui devraient recevoir, n'ont personne capable de rédiger convenablement et de faire réussir les demandes, et les pays qui obtiennent sont souvent ceux où il y a le plus de lumières, le plus d'hommes influents et le moins de besoins.

En 1847, sur le crédit ordinaire de 297 000 fr., le Cantal et la Lozère n'obtiennent pas une obole et les établissements de l'Eure 13 300 fr.

Sur le crédit extraordinaire de 5 millions, on donne 13 650 fr. au département des Hautes-Pyrénées et 213 200 fr. à celui de la Seine-Inférieure.

Pour les fonds communs destinés aux départements, qu'on veuille bien lire la distribution et l'on verra si l'argent va toujours, selon l'esprit de l'institution, aux départements les plus pauvres? Il va souvent aux plus riches. Paris en 1849, sur un fonds commun en totalité de 13 546 000 fr., a eu 1 960 000 fr. à lui seul et le département du Gers 35 000 fr.

D'un autre côté, ces fonds communs sont une excitation continuelle aux dépenses exagérées. La commune pour obtenir une mince allocation se jette souvent dans des frais énormes; on ne la lui donne qu'à condition d'acheter, de bâtir et d'une certaine façon. Quant aux départements, la règle est de donner davantage à ceux qui font le plus de dépenses, et si un département faisait des constructions économiques, s'il ne dépensait pas beaucoup, on ne lui donnerait rien, de sorte que, dans l'espérance d'avoir l'argent de l'État, tous les départements se mettent à dépenser à qui mieux mieux et en définitive tous sont obérés.

La centralisation ayant la haute main sur toutes les affaires des communes, ne leur permettant jamais de rien exécuter sans son autorisation et sa direction, les conseillers municipaux et les maires sont dégoûtés de tenter des améliorations que cette centralisation avec ses écritures, ses délais, ses minuties, rend si longues, si difficiles à réaliser.

Quant aux conseillers généraux de département, réunis quelques jours par an pour donner leurs avis sur des objets souvent fort importants, ils n'exécutent rien, l'administration tout entière du département est remise aux préfets et aux agents du gouvernement, et les conseillers généraux donnent leurs avis sur des affaires dont l'instruction a été faite et la décision préparée par ces préfets et ces agents. Les conseillers généraux n'ont pas l'expérience, la pratique des affaires, et si par hasard quelques-uns d'entre eux veulent tenter des réformes ou des améliorations, la force d'inertie, le mauvais vouloir de tous les agents de la centralisation chargés de préparer la décision ou de l'exécuter, font échouer contre une foule d'écueils ces réformes et ces améliorations.

Ce système a pour résultat d'anéantir l'émulation, le zèle, l'initiative parmi les représentants des localités élus pas les citoyens ; pour la moindre amélioration Dieu sait combien il faut d'efforts, de ténacité : la vie d'un homme s'y épuise ; la province est abandonnée par les plus riches propriétaires qui n'ont rien à y faire, les capitaux vont de plus en plus dans la grande ville, l'agriculture est abandonnée à la pauvreté et à la routine. Les Français sont traités sans cesse par leur gouvernement comme des enfants ayant besoin d'une tutelle continuelle; avec ce régime, ils res-tent enfants et souvent enfants terribles au lieu d'être des hommes fermes et raisonnables, et d'un autre côté leurs tuteurs ne peuvent bien gérer leurs affaires.

Qu'importent aux agents du pouvoir central, aux commis de la préfecture et aux commis des ministères les améliorations à faire dans une com-mune, dans un département? ils sont au contraire naturellement hostiles à toute affaire nouvelle, parce que c'est un dossier de plus, de la besogne de plus, et que leur bureau est déjà encombré. Qu'importent aux préfets et aux agents du gouver-nement des améliorations à faire dans un dépar-tement où ils n'ont ni famille, ni propriétés, ni intérêts; où ils ont été envoyés souvent comme dans un lieu d'exil, qu'ils quitteront peut-être demain, et fuiraient aujourd'hui même si on leur donnait autre part une meilleure place? S'ils tentent des améliorations ce sera dans l'espé-rance d'attirer ainsi les regards du ministre, sou-verain maître de l'avancement, et souvent ces améliorations destinées à faire du bruit, seront la ruine des finances du département et auront coûté plus cher qu'elles ne valent.

Dans les entreprises et les travaux publics, peut-il y avoir de l'esprit de suite lorsque les ad-ministrateurs sont dans un état de mobilité per-pétuelle? et sans esprit de suite que peut-on faire de bien et de grand?

Voilà une des grandes causes de la décadence de la France.

§ 3. — EFFETS DE LA CENTRALISATION SUR LA COLONISATION DE L'ALGÉRIE.

On se demande pourquoi la France ne sait pas fonder de puissantes colonies? pourquoi la colonisation de l'Algérie est si lente?

Sans parler d'autres considérations que je développerai plus tard, l'effet de la centralisation sur les administrateurs et sur les administrés est une des grandes causes de cette impuissance.

Les Romains ont étendu leur puissance sur le monde connu; une des causes de leurs succès merveilleux, c'est que leurs généraux étaient des hommes complets. Ils avaient été questeurs, c'est-à-dire financiers; édiles, c'est-à-dire administrateurs; préteurs, c'est-à-dire juges; ils étaient sénateurs et consuls, c'est-à-dire hommes d'État. Était-il étonnant que de pareils hommes pussent fonder après avoir vaincu? Nos généraux ne sont que militaires, ils n'entendent rien à la justice, rien aux finances, rien à l'administration civile; ce sont des hommes incomplets, et tous les hauts fonctionnaires le sont également. Tous sont pétris des préjugés étroits de leurs professions où ils ont été parqués toute leur vie.

Quant aux colons, accoutumés dans la mère patrie à être toujours conduits, dirigés par les fonctionnaires du gouvernement pour leurs affaires communales, départementales, n'ayant presque jamais rien fait par eux-mêmes et par association, ils se trouvent sur le terrain de la colonie embarrassés, ébahis au moindre obstacle, chancelants comme des enfants qui ne peuvent marcher sans une main pour les soutenir; si quelques-uns, par hasard, ont assez d'énergie pour marcher seuls et se diriger, les habitudes et les lois administratives de la mère patrie viennent leur mettre des entraves et élever entre eux et le but un obstacle perpétuel et décourageant, sous prétexte de protection et de régularité (H).

D'un autre côté, imposées aux vaincus, ces lois d'une centralisation paperassière semblent intolérables et presque aussi dures que la conquête.

Rome conservait ses conquêtes, parce qu'elle laissait aux vaincus la consolation de garder leurs habitudes et leurs lois, et qu'elle savait attendre que le temps leur imposât les siennes.

Les anciennes colonies françaises et les colonies espagnoles furent fondées par des hommes énergiques et libres, par des aventuriers qui ne relevaient pour ainsi dire que de leur génie et de leur audace. Elles sont perdues par la manie de l'uniformité et de la réglementation.

Si la nation anglaise a fondé et fonde des colonies sur la surface du globe, si on peut l'appeler la mère des nations, c'est que ses citoyens sont accoutumés à faire eux-mêmes leurs affaires municipales, provinciales, judiciaires et politiques, et que ses hauts fonctionnaires sont des hommes complets, à l'âge où les Français sont encore surnuméraires, ou à peu près.

Si la race anglo-américaine s'étend sur toute l'Amérique septentrionale, fonde de tous côtés au milieu des forêts des colonies de pionniers qui deviennent ensuite des États, c'est que tous les hommes de cette race sont accoutumés au gouvernement de soi-même, comme ils l'appellent.

§ 4. — EFFETS DE LA CENTRALISATION SUR LES BEAUX-ARTS ET LES INTELLIGENCES.

Pour donner une impulsion puissante aux beaux-arts, l'État a imaginé d'établir à Paris une École nationale où des jeunes gens apprennent la peinture, la sculpture, l'architecture, et un Conservatoire national où l'on enseigne l'art de jouer du piano ou d'autres instruments, de chanter, de composer, l'art de jouer aussi la comédie, la tragédie et de faire des pirouettes.

Ces grandes écoles centrales des beaux-arts ont-elles eu pour résultat de doter la France d'un plus grand nombre d'artistes éminents ?

Depuis que l'État s'est chargé de faire des Talmas et des Fleurys, des Clairons et des Contats, nous n'en avons plus, et si on admire une grande tragédienne, il se trouve qu'elle n'a pas eu pour maître le Conservatoire, mais son inspiration énergique et libre.

Les professeurs fonctionnaires de musique enseignent à composer des chefs-d'œuvre ; mais leurs élèves, en font-ils ? Meyerbeer vient de la Prusse et Rossini de l'Italie. Nos compositeurs les plus illustres n'étaient pas élèves du Conservatoire, mais souvent d'obscures écoles de province, ou plutôt ils avaient eu pour maîtres leur génie et la liberté.

Ces architectes, ces sculpteurs, ces peintres, si bien instruits et façonnés par les professeurs officiels, devraient ne produire que des chefs-d'œuvre, ils ne savent presque jamais faire que des copies plus ou moins bonnes des chefs-d'œuvre passés, ou bien, s'ils veulent créer, ils se jettent souvent dans le bizarre, le vulgaire ou l'impossible.

Et, cela se conçoit, on ne fait point un grand artiste par raison démonstrative, il se révèle si on ne l'étouffe pas, si on lui laisse l'air et le soleil. L'inspiration, le génie manquent aux artistes enrégimentés qui ont appris à faire de l'art dans les règles, aux artistes de par la loi et le budget.

Ces écoles officielles créent pour leurs élèves une espèce de droit au travail ou au moins aux subventions de l'État.

Les artistes pour vivre demandent à l'État la faveur d'une commande qu'ils livrent trop souvent comme une fourniture de marchands ou bien ils s'adressent aux goûts et aux sentiments du public qui les paye.

La démocratie pas plus que la centralisation n'est favorable à la création des chefs-d'œuvre.

Au lieu d'élever le niveau de tous par l'intelligence supérieure de quelques-uns, c'est le goût commun de tous qui fait la loi et met son niveau sur les intelligences supérieures.

L'artiste trop souvent s'est mis à la solde des passions ou des petitesses qui agitent ou dégradent la multitude. C'est à peine si le génie de quelque grand artiste résiste à la vogue que la médiocrité accorde à la médiocrité.

Les lettres sont descendues encore plus bas. N'avons-nous pas vu les plus riches talents torturer l'histoire, la morale, la poésie au profit de telle ou telle opinion politique dont ils se faisaient un piédestal ou plutôt un marchepied et un moyen de fortune et de puissance ?

Avec le monopole des pouvoirs, Paris semble avoir conquis non-seulement le monopole des arts mais celui de l'intelligence. Les Écoles de droit et de médecine, les Facultés des sciences et des lettres de Paris ont à elles seules beaucoup plus d'élèves que toutes les Écoles et Facultés des départements. Près du tiers de toute la jeunesse française qui reçoit l'instruction secondaire dans les établissements de l'État se presse dans les lycées de Paris (I). Hors Paris point de renommée, de fortune, de gloire pour le savant, l'artiste, le littérateur, le poëte, le penseur. Toute œuvre, quel que soit son mérite, si elle a paru en province, est une œuvre morte. Jamais ville de province ne produira un Walter Scott ; Bordeaux n'aura plus de Montaigne ni de Montesquieu.

Paris envoie à la province la musique qui la charmera, la pièce de théâtre qui la fera rire ou pleurer, le livre qui l'instruira ou la pervertira, le journal qui lui apprendra à raisonner ou à déraisonner sur la politique, le feuilleton qui l'amusera en la démoralisant.

Aussi, en province, un homme a-t-il quelque talent, se croit-il un génie, croyance que l'amour-propre donne facilement, il se hâte de quitter sa province, où il végéterait ignoré, pour venir chercher à Paris la fortune et la gloire, et il s'y rencontre avec tous les génies de la France.

Ce n'est pas cependant que Paris, où les plaisirs

se présentent à chaque pas, où se livrent les combats sans trêve d'une concurrence effrénée entre les innombrables poursuivants de la fortune et de la renommée, soit très-favorable aux fortes études, aux longues recherches, aux travaux persévérants, aux œuvres mûries par la pensée et dignes de la postérité, aussi n'en voit-on guère, de ces chefs-d'œuvre, l'honneur et la gloire d'une époque et d'une nation. D'ailleurs, qui les lirait et pourrait les apprécier ? Personne, ou à peu près personne. Il suffit que Paris produise des œuvres faciles, fasse de l'esprit sur tout et à propos de tout, et expédie chaque jour ses journaux et ses romans, seule pâture de la province, pour que Paris ait le monopole de l'intelligence en France. Peu lui importe que cette intelligence ne soit plus celle du grand siècle, mais celle de la décadence.

Les rayons de lumière qui partent sans cesse de ce foyer incandescent éblouissent ou brûlent plus souvent qu'ils n'éclairent et font au loin les ténèbres plus profondes.

Paris est le cerveau et le cœur de la France; mais ce cerveau est toujours dans un tel état de travail, qu'il est menacé de folie; mais ce cœur bat si fort et si vite, qu'il est menacé d'anévrisme, et les membres sont amaigris par la surexcitation fébrile de la tête et du cœur.

§ 5.—EFFETS DE LA CENTRALISATION SUR LA FORTUNE PUBLIQUE.

Les affaires des finances ont été centralisées comme toutes les autres.

On a créé à Paris une caisse des dépôts et consignations où des particuliers et des officiers publics peuvent ou sont obligés de verser, de tous les points de la France, des sommes dont le chiffre total s'élevait, en 1848, à 187 millions, non compris l'argent des caisses d'épargne.

On a forcé tous les départements, toutes les communes, tous les établissements publics à confier au trésor de l'État toutes les sommes qui leur appartiennent et dont il n'est pas fait un emploi immédiat.

Les économies du peuple de toute la France qui forment des centaines de millions, ne font que passer dans les caisses d'épargne pour être centralisées dans le trésor de l'État ou plutôt dans la caisse des dépôts et consignations chargée de les gérer.

Enfin on vient, depuis la dernière révolution, de confondre toutes les banques en une seule dont le siége est à Paris, et qui étend son privilége sur toute la France.

Paris est ainsi de plus en plus le souverain maître du crédit et des capitaux.

Le trésor de l'État reçoit chaque année, 12 à 1 300 millions d'impôts; comment cet argent, levé sur toutes les parties de la France, est-il ensuite distribué?

Toute la France est appelée à payer une masse énorme de dépenses faites à Paris. En 1844, par exemple, et cette année n'a rien de particulier, 77 départements ont versé au trésor de l'État, 502 millions de plus qu'ils n'en ont reçus, 8 départements ont reçu du trésor 52 millions de plus que leurs versements, et les payements du trésor de l'État ont excédé dans le seul département de la Seine de 321 millions les recettes qu'il a faites dans ce département. En 1847, l'excédant des payements sur les recettes dans le département de la Seine a été de 395 713 043 fr.; en 1848, il s'est élevé à 475 millions. Il est vrai que dans cette somme se trouvent les payements d'une partie des rentes sur l'État et de dépenses opérées en province, mais ce fait ne prouve pas moins que tout se centralise de plus en plus à Paris, et que presque tout l'argent y vient.

En 1847, 1321 millions de recettes ont été effectuées sur le territoire européen de la France, 552 millions ont servi à des payements dans le seul département de la Seine. En 1848, sur 1329 millions de recettes, y compris l'impôt des 45 centimes, 613 millions ont servi à des payements dans ce seul département !

Rome, pour alimenter son luxe, ses spectacles, pour nourrir, enrichir ses citoyens, construire ses monuments gigantesques, et satisfaire aux caprices et aux appétits du peuple roi, attirait dans son sein l'argent de l'univers, mais Rome avait fait la conquête de ses provinces appauvries.

Ce n'est pas seulement le trésor de l'État qui pompe l'argent de toutes les parties de la France, pour le verser à flots dans la capitale et quelques lieux privilégiés. La centralisation force une multitude de personnes à venir de tous les points de la France à Paris pour plaider, solliciter une place ou de l'avancement, presser la décision d'une affaire administrative, d'une concession, et, par conséquent, à dépenser leur argent dans la capitale.

Par ses musées, ses bibliothèques, ses établissements d'instruction supérieure, ses écoles de beaux-arts, créés aux frais du trésor, par ses grands théâtres, ses fêtes, ses expositions payées par l'État, Paris attire les personnes les plus riches des départements, et elles y dépensent leurs revenus et souvent leur capital.

Le gouvernement tend à concentrer à Paris, non-seulement les grandes écoles, mais les grandes industries dont il a le monopole, comme les tabacs[1], les monnaies, l'imprimerie nationale; il attire ainsi un grand nombre d'ouvriers, et il fait chaque jour des pas nouveaux dans cette voie.

D'un autre côté, tant d'argent dépensé, soit par l'État, soit par les particuliers, attire à Paris une foule d'ouvriers ou de malheureux qui ne trouvent plus d'ouvrage et plus de pain dans leurs localités si pauvres. Le budget tel qu'il est dépensé est un excitant continuel au déclassement des hommes et des populations, et un accroissement continuel des dangers qui en sont la suite [2].

Les dépenses de ce budget immense et toujours croissant se font, pour la plus grande partie, dans la capitale d'abord, et ensuite dans les autres villes bien plus que dans les campagnes, de sorte que

[1] Dans la manufacture des tabacs de Paris, la fabrication s'est accrue de 49 pour 100 de 1837 à 1849. (Voy. Budget de 1850, Ier vol., p. 160); il y a 1800 ouvriers.

[2] Le mode de recrutement de l'armée, qui, chaque année, enlève tant de jeunes gens à leurs habitudes et à leurs professions pour leur faire passer sept ans dans les villes de garnison, est aussi une grande cause de ce déclassement.

pour cette cause, réunie à l'agglomération de l'industrie, la population de presque toutes les villes principales s'est accrue beaucoup plus que celle des campagnes, malgré ces douanes intérieures qu'on avait décorées du nom libéral d'octrois de bienfaisance.

Paris étant le pays de tout le monde, le commerce tend à s'y centraliser comme la politique; c'est là où l'on vient acheter de toutes les parties de la France. Paris est même devenu la ville de France la plus importante pour les manufactures et l'industrie.

Du reste, on a organisé les moyens de communication du territoire entier pour ce monopole de Paris: presque toutes les routes partent de Paris pour se rendre dans les différentes directions aux extrémités de l'empire; il semble que tous les départements n'aient de relations qu'avec Paris, et ne doivent pas en avoir entre eux; de l'est à l'ouest de la France, il n'y a que deux routes directes ne passant pas par la capitale. Les grands chemins de fer terminés ou en cours d'exécution partent tous de Paris.

Tout afflue à Paris, tout languit en province, à l'exception de quelques villes entrepôts de la grande capitale.

De 547 000 habitants en 1806, Paris est arrivé en 1846 à une population de 1 053 000; les villages qui l'entouraient sont devenus des villes; et la population entière du très-petit département de la Seine qui n'était que de 603 000 individus en 1806, s'est élevée en 1846 à 1 364 000, elle a plus que doublé, tandis que le reste de la France n'a augmenté que d'un sixième.

Et ce système en définitive aura-t-il pour résultat d'assurer le bonheur, la tranquillité, la stabilité de Paris? Qu'on en juge par ce qui se passe aujourd'hui sous nos yeux, Paris est lui-même victime de sa grandeur élevée sans bases solides, aux dépens de la justice; il a voulu disposer à lui seul de l'empire, et sa richesse est frappée à mort par ses prétoriens; il avait altéré la source de la prospérité du pays entier, il a fini par tarir lui-même la source de sa propre prospérité.

Une nation ne peut faire de grands progrès en richesse et en population que lorsque les améliorations s'étendent sur un vaste territoire; des progrès sur un point isolé, dans quelques villes, sont bien peu de chose dans un grand État; des améliorations dans chacune des 37 000 communes de France qui augmenteraient le revenu de chaque hectare de quelques francs, donneraient un accroissement de richesses et d'aisance infiniment plus considérable que l'accroissement en serre chaude de quelques villes.

Un grand fleuve n'est formé que par des ruisseaux; si Dieu faisait tomber toute l'eau qui les alimente sur la seule vallée où coule le fleuve, les ruisseaux seraient desséchés, les vallées secondaires stérilisées, et la vallée principale se couvrirait, par l'excès d'humidité, de plantes gigantesques, mais grossières et inutiles et de reptiles immondes.

Mais il est un autre point de vue, sous lequel il

faut considérer l'effet de la centralisation sur la fortune publique.

La centralisation veut tout faire, prétend créer toutes les améliorations; elle ne veut pas se borner à assurer la défense du territoire, le respect des puissances étrangères pour notre indépendance et nos droits, la tranquillité et le bon ordre intérieurs, le maintien des droits et de la liberté de chacun, elle veut donner elle-même l'instruction aux enfants et aux jeunes gens, enseigner l'agriculture aux agriculteurs ; faire elle-même tous les grands travaux publics, les exploiter et les entretenir, elle veut percevoir elle-même toutes les recettes des communes et des départements comme celles de l'État; elle veut faire elle-même tout le matériel nécessaire à l'armée et à la marine, accrues sans cesse dans l'espérance d'obtenir le dévouement par l'avancement et de jouer un rôle important et applaudi sur la scène du monde; elle veut bien plus, elle prétend donner de l'ouvrage aux uns, des aumônes aux autres, soulager toutes les misères, et redresser les torts de la fortune, elle prétend jouer le rôle de la Providence ; le résultat de ce merveilleux système, c'est que les charges publiques vont sans cesse en augmentant.

De 1829 à 1847, les dépenses de l'instruction publique s'élèvent de 1 953 000 francs à 18 millions,

Le ministère de l'intérieur, de 60 millions s'élève à 133,

Le ministère de l'agriculture et du commerce, de 3 à 14 millions,

Le ministère des travaux publics, de 46 millions à 204,

Le ministère de la guerre, de 194 à 374 millions,

Le ministère de la marine, de 57 millions à 129,

Et les frais de régie, de perception et d'exploitation des impôts et revenus, s'élèvent de 129 à 154 millions.

Les dépenses qui, en 1829, étaient de 1 milliard 21 millions, qui, en 1838, ne s'élevaient encore qu'à 1 milliard 86 millions, atteignent, en 1847, le chiffre de 1620 millions (G), plus de 500 millions d'augmentation en dix ans! A quel chiffre effrayant les dépenses atteindront-elles sous la République, si, en vertu des principes démocratiques, toutes les fonctions quelconques doivent être salariées, si l'assistance publique doit secourir toutes les misères, et si la démocratie qui vit ou voudrait vivre du budget est plus puissante que la démocratie qui le paye!

A la première grande crise on commence à comprendre avec surprise et terreur le résultat de ce merveilleux système; on voit enfin les dépenses en disproportion avec les ressources du pays, la partie réellement productive de la nation s'épuisant à nourrir le nombre toujours croissant des salariés de toute espèce, de ceux qui vivent aux dépens du travail fructueux, la source du bien-être et de la richesse altérée, la misère accrue, la puissance extérieure de la France, sa force réelle et son influence morale se perdant par cette détresse financière, et une effroyable guerre civile, un bouleversement social pouvant être la suite d'impôts excessifs et de la banqueroute.

On se fait d'étranges illusions sur la richesse de la France et sur l'effet de l'impôt que l'on déclarait le meilleur des placements, et dont on voyait avec bonheur l'accroissement continu.

Les contributions de toute nature se sont élevées successivement jusqu'à 12 et 1300 millions. Pour savoir si la France peut supporter ces charges, connaissons son revenu réel et net.

Nous avons vu plus haut que la totalité du revenu foncier de la France, y compris les propriétés bâties, s'élevait à grand'peine à 2 milliards. Quel peut être le revenu net des propriétaires exploitants et des fermiers? L'estimer au cinquième ou à 400 millions, ce serait probablement exagérer. En 1847, pour l'impôt de l'*income-tax*, l'évaluation du revenu net des propriétaires fonciers, se monte dans la Grande-Bretagne à 2 230 037 328 francs, et le bénéfice de l'exploitant, propriétaire ou fermier, dans ce pays où il y a des fermiers si riches, n'est estimé qu'à 571 800 000 francs, un peu plus du quart du revenu des propriétaires (C).

Supposons cependant qu'en France, où tant de fermiers et de cultivateurs vivent à grand'peine de la culture sans bénéfice net aucun, le bénéfice des exploitants soit du cinquième du revenu de la propriété foncière, la terre et les maisons produiraient alors 2 milliards 400 millions.

Quel est le revenu net de l'industrie et du commerce?

On a fait bien des évaluations fausses, exagérées et qui ne reposaient sur aucune donnée certaine.

On peut arriver à quelque chose de plus positif en prenant pour base l'impôt des patentes.

Toute espèce d'industrie et de commerce est frappée par la patente qui consiste en un droit fixe pour la profession et un droit proportionnel basé sur le loyer du patentable ; ce double droit, en y comprenant tous les centimes additionnels, s'élevait en 1847 à 47 685 784 fr. 86 c.

Maintenant cherchons en moyenne quel peut être le bénéfice net des industriels et commerçants et par quel chiffre il faut multiplier les patentes pour le connaître. Je prétends que ce bénéfice, en moyenne, ne peut pas excéder quinze fois le montant de la patente ; c'est-à-dire que l'industriel qui payera 100 fr. de patente n'aura pas plus de 1500 fr. de bénéfice net au bout de l'année. Si l'on veut bien réfléchir qu'en France, une multitude d'industriels ou de commerçants ont végété pendant toute leur vie, ou ont fait faillite, on reconnaîtra qu'évaluer en masse le bénéfice net de l'industrie et du commerce au taux de la patente multiplié par 15 c'est aller au delà plutôt qu'en deçà de la vérité ; 47 685 784 fr. produits des patentes supposeraient donc un revenu net de 715 286 769 fr. Ce serait plus du tiers du revenu net de toute la propriété foncière de la France.

Dans la Grande-Bretagne où certes l'industrie et le commerce sont bien plus développés qu'en France, les revenus industriels et les produits divers, c'est-à-dire les revenus de toute espèce, même ceux des capitalistes, à l'exception des rentiers de l'État, ne s'élèvent d'après l'*income-tax* qu'à 1 506 113 000 fr.

c'est-à-dire qu'à un peu plus de moitié du revenu de la propriété foncière et de l'exploitation agricole (C). N'est-ce pas une preuve qu'en estimant le revenu seul de l'industrie et du commerce en France à plus du tiers du revenu de la propriété foncière, on l'exagère plutôt qu'on ne le diminue ?

Ainsi la totalité du revenu net de la propriété foncière, de l'exploitation agricole, de l'industrie et du commerce, en France, ne peut pas s'élever à plus de 3 milliards 100 millions ; et c'est dans ce pays que les taxes de toute espèce sur ces sources uniques de la richesse s'élèvent de 12 à 1300 millions, et les dépenses publiques à plus de 1600 millions. N'y a-t-il pas là une exagération qui explique l'état de détresse d'une grande partie de la France ?

On s'extasiait naguère sur l'accroissement rapide des recettes des contributions indirectes, et on s'imagine même encore généralement que la richesse publique s'est accrue dans la même proportion. C'est une grande erreur.

Si en vingt ans le produit de la régie des tabacs a doublé, c'est une preuve que la mode et l'habitude de fumer s'étendent partout, mais nullement que le peuple soit plus à son aise et plus heureux.

Si le nombre des débitants, de 255 592 en 1831, s'est élevé successivement jusqu'à 332 300 en 1847; si la population va davantage au café et au cabaret, est-ce une preuve qu'elle jouit d'une plus grande aisance et qu'elle devient meilleure ?

L'accroissement des recettes sur les ventes d'immeubles ne prouve-t-il pas qu'une foule de propriétaires bien loin de s'enrichir se ruinent ?

Une partie de la vente plus considérable du papier timbré et l'accroissement du produit des droits sur les procès et les obligations ne sont-ils pas un indice de ruine plutôt que de prospérité?

A quoi d'ailleurs ont servi et servent ces impôts? à faire des choses dont beaucoup sont utiles lorsqu'elles sont renfermées dans de justes bornes, mais qui, presque toutes, sont essentiellement improductives. Si on avait laissé chaque année aux contribuables 300 millions de plus dans leurs poches, ils auraient sur toutes les parties du territoire fait des travaux utiles, réellement productifs, la France se serait grandement enrichie, et aurait applaudi à son gouvernement au lieu de végéter et de s'indigner de son fardeau.

L'État s'est conduit comme un riche particulier qui, ayant cent mille livres de rentes, dépenserait chaque année trente mille francs de plus que son revenu, en constructions et en embellissements. D'améliorations en améliorations, il irait mourir à l'hôpital.

Trente-quatre années de paix européenne auraient dû nous donner la liberté de nos mouvements, la sécurité de la force, une tranquillité durable; loin de là, nous sommes réduits à gémir sur l'impuissance de notre pays à l'extérieur et à redouter un bouleversement social et la ruine à l'intérieur; pour maintenir l'ordre matériel dans notre pays, il nous faut une armée aussi nombreuse que celles qui entrèrent triomphalement jadis à Vienne ou à Berlin.

Et ce qu'il y a de désespérant, c'est que beaucoup

d'hommes sensés, s'imaginant que les révolutions sont arrivées sans cause, par surprise, veulent, comme la multitude, persévérer dans un système qui a mis la France dans l'état déplorable où elle se trouve et doit la perdre à jamais si on le continue.

§ 6. — LA CENTRALISATION A ENGENDRÉ ET PROPAGÉ LES IDÉES COMMUNISTES.

Dans tous les temps, des rêveurs se sont amusés à refaire sur le papier la société tout entière, mais presque toujours leurs rêveries inapplicables naissaient et mouraient dans la solitude et n'agitaient qu'un petit nombre d'esprits curieux. L'idée de supprimer toute propriété particulière, de mettre tout en commun, était passée dans la tête de plus d'un philosophe, de plus d'un rhéteur des siècles passés, mais, jamais une grande et puissante société n'avait pu craindre d'être bouleversée de fond en comble par de pareilles absurdités, contraires à la nature de l'homme et dont la conséquence serait la misère et la ruine de tous. Comment se fait-il que ces idées aient pris en France assez d'extension et de puissance pour faire craindre les plus grands malheurs ?

Depuis cinquante ans les générations françaises sont imbues de cette idée que la centralisation est admirable, que particuliers, communes, départements ont un besoin indispensable de la tutelle de l'État ; qu'ils sont incapables de faire rien de bien si l'Etat ne leur dirige la main, de se mouvoir et de marcher si l'État ne les tient sans cesse à la lisière.

Malgré cette tutelle continuelle, on voit cependant encore bien des malheureux, bien peu de bonheur pour les masses; alors socialistes et anti-socialistes s'imaginent que l'État ne fait pas encore assez, ne dirige pas encore assez de choses : on le charge de plus en plus de faire la charité, de donner de l'ouvrage aux ouvriers, on augmente sans cesse les fonds communs à distribuer aux communes, aux établissements de bienfaisance, aux départements; on veut qu'il apprenne leur métier aux agriculteurs, qu'il fasse la colonisation agricole, on s'accoutume de plus en plus à le regarder comme le dieu de la machine; on finit par considérer la liberté de l'individu qui peut en faire un mauvais usage, la propriété particulière dont on peut user fort mal, comme un trouble au jeu des rouages et à cette uniformité que l'État seul peut prescrire et assurer. Pourquoi l'État qui choisit ses armées de fonctionnaires, et fait toutes les affaires administratives, qui est déjà fabricant et marchand de tabac, imprimeur, constructeur de vaisseaux, fabricant d'armes, de machines et de voitures, tailleur, bottier, sellier, meunier, boulanger pour l'armée et la marine, directeur des messageries sur les chemins de fer, entrepreneur de transports par mer, propriétaire exploitant de bains d'eaux thermales, professeur de belles-lettres, de beaux-arts, de chant et de danse, instituteur, banquier du peuple par les caisses d'épargne, banquier des départements, des communes et des établissements publics dont il reçoit et exploite les fonds, ne serait-il pas encore chargé d'établir une harmonie absolue, de faire marcher la société entière? Pourquoi ne serait-il pas le seul véritable propriétaire distribuant à chacun sa part de la fortune publique équitablement et selon ses besoins? Il faut que tout soit mis en commun.

Dans un autre ordre de société, avec d'autres institutions, ces idées seraient mortes d'elles-mêmes, parce que leur application aurait rencontré des obstacles invincibles, parce qu'elles n'auraient trouvé nulle part les moyens de passer de la rêverie à l'exécution.

Mais avec les puissances de cette centralisation, il n'est pas d'idée extravagante qui ne puisse espérer d'être mise à exécution si ses adeptes peuvent s'emparer, dans un jour de combat, de cette machine qui broie toutes les résistances.

Le communisme né de la centralisation, s'agrandit par l'espoir qu'elle lui a préparé les voies, façonné les hommes et qu'elle lui donnera la puissance de s'imposer à la France.

D'ailleurs, cette centralisation, si elle continuait à grossir son budget et son armée d'agents, avec autant de rapidité qu'elle le fait depuis quinze ans, serait avant un siècle le communisme lui-même en action; les propriétaires ne seraient plus que les fermiers épuisés et misérables de leurs biens, et l'État tiendrait dans sa main l'existence et la conscience d'une population servile, d'incapables et d'affamés dont les aïeux formaient la glorieuse nation française.

§ 7. — LA CENTRALISATION PERPÉTUE LES RÉVOLUTIONS.

Il semble qu'un pouvoir si concentré, qui tient en ses mains toutes les forces de l'État, dispose d'une multitude d'existences, domine tous les individus faibles et isolés et toutes les parties de la France sans force et sans vie propres, devrait ne jamais craindre d'être attaqué ni renversé, et cependant depuis soixante ans, la France est continuellement en révolution ; d'où cela vient-il ?

Le gouvernement, faisant énormément en France, a la responsabilité de tout, et il chancelle sous le poids de cette responsabilité.

Tous les intérêts froissés, tous les amours-propres blessés, si petits qu'ils soient, s'en prennent au gouvernement ; pour la cause la plus minime qui, dans un ordre de choses régulier, ferait désirer seulement le changement ou la punition d'un fonctionnaire subalterne, on voudra renverser le gouvernement.

La classe, le pays qui souffriront pour une cause souvent au-dessus du pouvoir de l'homme, accoutumés à penser que le gouvernement fait tout et peut tout, le rendront responsable de leurs pertes, de leurs misères, et voudront le changer.

Le gouvernement dispose d'une multitude de places, mais le nombre des postulants étant encore bien plus grand, il est obligé de faire toujours plus de mécontents que de satisfaits : ceux qui restent en dehors sont toujours prêts à enfoncer les portes, et souvent, dans l'intérieur de la place, des subalternes, voulant devenir chefs, entr'ouvrent ces portes aux assiégeants.

Et au moment du danger, sur qui le gouvernement peut-il compter ? On ne s'appuie que sur ce qui résiste, a dit avec raison un homme de grand esprit; la servilité ne donne point de dévouement.

La vie n'existant qu'au centre et tout le reste étant instrument, les ennemis du gouvernement ont toujours l'espoir de le renverser, parce qu'il leur suffit de saisir le machiniste et de se mettre à sa place pour faire marcher la machine à leur profit.

C'est ce que le général Mallet avait admirablement compris; ce prisonnier d'État s'échappe de sa prison et ose dire : *Je suis le gouvernement, obéissez-moi;* et il trouve des soldats et de hauts fonctionnaires qui obéissent, et il est sur le point de faire à lui seul une révolution. Il s'en prenait cependant au géant du monde, à Napoléon ; mais Napoléon était à Moscou et Mallet à Paris. Toute révolution faite à Paris est faite dans toute la France.

C'est un bien dans le mal, disent quelques personnes, il ne peut au moins y avoir de guerre civile qu'à Paris, jamais dans le reste de la France. Mais une des causes de la fréquence des révolutions, c'est précisément cette conviction générale qu'il suffit de renverser le gouvernement à Paris, pour qu'il le soit dans toute la France. Chaque parti espère profiter d'un moment favorable, avoir sa journée et s'emparer du pouvoir central par un coup de dé de la fortune.

Si on était convaincu qu'une révolution faite à Paris serait à refaire dans vingt départements, qu'il

ne faudrait pas une journée pour réussir, **mais des
années**, quelques milliers de conjurés, **mais des
armées**, on ne chercherait pas si souvent à faire
des révolutions.

La France, depuis soixante ans, subit les changements en tous sens que lui impose une seule ville,
que dis-je? une poignée d'hommes de cette seule
ville; on écrit de Paris à la plus glorieuse nation de
l'Europe qu'il faut crier aujourd'hui *vive le Roi*, demain *vive la Ligue*, après-demain n'importe quoi, et
elle crie ou laisse crier. Jamais on ne vit, chez une
grande nation, pareille abnégation, absence aussi
complète de volonté et de dignité; les hommes sont
descendus au niveau de l'ilote qui obéit au vain-
queur quel qu'il soit.

La guerre civile est sans doute un affreux malheur, mais une nation peut sortir grande, forte,
énergique, de la guerre civile; la bassesse, la servilité, érigées en système, peuvent faire, au bout de
quelques générations, d'une grande nation une
multitude abâtardie prête à subir la conquête.

§ 8. — EFFETS DE LA CENTRALISATION SUR LA PUISSANCE
DÉFENSIVE DE LA FRANCE.

Bien des personnes prétendent que notre extrême
centralisation est nécessaire, indispensable, à la
puissance agressive de la France, que sans elle le
gouvernement ne pourrait pas concentrer par un
mot toutes les forces de l'État sur un point donné,
et frapper l'ennemi avec la rapidité de la foudre.
L'expérience démontre que l'Angleterre attaque

ses ennemis avec autant de rapidité que la France,
qu'elle peut concentrer toutes les forces de l'État
avec une énergie merveilleuse, et cependant elle
n'a point de centralisation administrative.

Pour la guerre agressive, cette centralisation
extrême est donc inutile; pour la guerre défensive,
elle est un danger immense, une cause de ruine.

En 1814, Paris est pris par l'ennemi. Les armées étrangères n'avaient pas, cependant, envahi
le tiers de la France; mais la résistance est para-
lysée à l'instant même dans toute la France.

En 1815, une bataille est perdue en Belgique.
Quelques jours après, Paris succombe; l'exemple
de 1814 se renouvelle : il n'y a plus de résistance
nulle part.

La conviction qu'en cas de guerre défensive Paris c'est la France est tellement générale, qu'on a
entouré cette immense capitale de fortifications
gigantesques. On l'a rendue peut-être plus forte
contre l'ennemi; mais on a augmenté la faiblesse
du reste de la France, parce qu'on a encore donné
à tous les Français une conviction plus profonde
que Paris est tout et que le reste n'est rien.

Hors Paris, il n'y a peut-être pas un seul lieu où
l'on ait des idées à soi, de la vie, de l'initiative :
pas un seul centre d'action. Dans tous les départements, il n'y a que des bras; le cerveau est à Paris :
lorsque le cerveau est comprimé, les bras tombent
inertes et sans mouvement.

Après un grand désastre qui briserait ou para-
lyserait l'action gouvernementale et laisserait les
départements sans ordres, trouverait-on une éner-

gie virile, une puissante initiative dans ces généraux, qui n'ont jamais fait qu'obéir ; dans ces commis décorés du nom d'administrateurs, qui ont passé leur vie à solliciter, à se courber, à exécuter l'ordre d'en haut ; dans ces populations administrées par les fonctionnaires de l'État, qui savent obéir et payer l'impôt, mais ne savent rien organiser, rien administrer, rien faire par elles-mêmes ? Où pourrait-il se former des centres d'action, de résistance ?

Aux jours de détresse, on voudrait bien qu'il y eût de la vie en Bourgogne, en Provence, en Champagne, en Lorraine ; l'empereur s'adresse, mais en vain, à l'énergie vivace des anciennes races : la centralisation l'a détruite.

Si Madrid avait été à l'Espagne ce que Paris est à la France, l'Espagne n'aurait-elle pas été conquise par le grand empereur ?

Si l'existence d'une armée tenait à celle de son chef ; si, ce chef mort, l'armée était morte, ne serait-ce pas un affreux danger ; l'ennemi n'aurait-il pas un immense avantage ? Eh bien ! toute l'existence de la France tient à une tête ! N'est-il pas plus facile à l'ennemi de faire tomber cette seule tête que d'en frapper vingt ?

TITRE DEUXIÈME.

EXAMEN DE TROIS INSTITUTIONS DE LA CENTRALISATION.

En lisant le chapitre précédent plusieurs personnes diront sans doute : Il peut y avoir du vrai dans cette critique de la centralisation, mais elle est exagérée, d'ailleurs à côté des inconvénients les avantages. Comment ne pas admirer trois institutions ou systèmes nés de la centralisation :

« L'école Polytechnique, foyer de lumières et de découvertes qui produit les officiers du génie et de l'artillerie, les ingénieurs les plus distingués de l'Europe et les premiers savants du monde;

« Le système d'unité qui fait exécuter tous les grands travaux dans une pensée d'ensemble admirable, qui donne pour garantie de la bonne conception de tous les plans du génie civil et des projets d'édifices publics le conseil général des ponts et chaussées et la commission supérieure des bâtiments civils dont la vieille expérience, la science, la capacité ne peuvent être mises en doute;

« L'Université qui donnant l'instruction et l'éducation à toute la jeunesse française détruit ainsi toutes les différences d'opinions et de principes, toutes les haines de parti, donne à tous les Français les mêmes idées et contribue puissamment à l'harmonie sociale, à l'unité et à la grandeur de la France. »

Examinons.

§ 1. — ÉCOLE POLYTECHNIQUE.

Dans ce qu'on va lire, il ne faut pas voir la critique des personnes; j'estime et j'aime plusieurs anciens élèves de l'école Polytechnique, comme j'estime et j'aime plusieurs de ces fonctionnaires dont j'ai déjà parlé et plusieurs de ces professeurs ou maîtres de pension de l'Université dont je parlerai bientôt ; je le répète de nouveau pour qu'on ne l'oublie jamais en lisant cet ouvrage, je n'attaque que les institutions et non les hommes qui sont souvent eux-mêmes victimes des institutions.

Examinons l'école Polytechnique telle qu'elle est organisée aujourd'hui et qui, sur plus d'un point, ne ressemble guère à l'école primitive. Elle est destinée à faire,

Des officiers du génie militaire,
Des officiers d'artillerie de terre et de mer,
Des ingénieurs des ponts et chaussées,
Des constructeurs de vaisseaux,
Des ingénieurs des mines,
Des inspecteurs des lignes télégraphiques,
Des chimistes pour la manutention et le mélange des tabacs,
Des ingénieurs hydrographes,
Des officiers chargés de la confection des poudres et même des officiers d'état-major et de marine.

Tous les élèves de cette école sont reçus au concours et casernés pendant deux années.

L'admission ou le renvoi dépendent souvent du hasard. Un élève souffrant au moment de l'examen, mal disposé, timide, sera refusé quoiqu'il y ait en lui l'étoffe d'un Vauban ; tel autre moins instruit, médiocre, sera reçu, parce qu'il aura de l'aplomb et le bonheur d'être interrogé sur ce qu'il savait.

Tous les concours, d'ailleurs, ont l'inconvénient de donner un grand avantage à la facilité de parole, à l'amour-propre qui ne doute de rien, sur le mérite et la science modestes et timides , à l'esprit sur le bon sens.

La concurrence pour entrer à cette école unique, qui ouvre tant de carrières, est énorme; afin de diminuer le nombre des concurrents, on grossit de plus en plus le programme des connaissances indispensables, on rend l'examen plus sévère. Quelques jeunes gens dont l'aptitude naturelle pour les sciences exactes est très-grande , peuvent entrer à cette école sans être accablés par un travail excessif; le plus grand nombre, doués de facultés ordinaires, mais poussés par leur vanité ou celle de leurs parents vers cette école, que la foule tient à si haute estime, pâlissent pendant cinq ou six ans sur des livres de mathématiques, de sorte qu'à l'âge où les jeunes gens se développent, ils sont accablés d'un travail excessif, ils s'usent, ils s'étiolent, souvent leur cerveau fatigué et leur amour-propre surexcité enfantent des chimères et leur font méconnaître les règles du bon sens. L'étude exclusive des mathématiques est loin d'ailleurs de rendre l'esprit plus étendu et plus juste. On a fait grandir la plante en serre chaude, elle donnera souvent des fruits sans saveur et qui seront gâtés avant d'être mûrs.

A la sortie de l'école les élèves, comme ceux du reste de plusieurs autres écoles du gouvernement, ont droit à une place; il faut des travaux pour les ingénieurs bien plus encore que des ingénieurs pour les travaux. C'est le droit au travail, avec ses conséquences désastreuses donné à l'élite des classes élevées.

Tous les élèves, à la fin de leurs études, sont classés par rang de mérite reconnu par des examens. Les premiers ayant le droit de choisir, sont seuls assurés de suivre la carrière qu'ils désirent. Tout homme a sa vocation, son génie, et ne remplit bien que les fonctions désirées. La plupart des élèves de l'école Polytechnique sont obligés d'entrer dans une carrière pour laquelle ils n'avaient aucun goût.

Tel qui ne rêvait que les ponts et chaussées sera militaire; tel qui voulait être officier du génie, sera envoyé dans les tabacs; tel autre aurait désiré construire des vaisseaux, il inspectera les lignes télégraphiques; celui-ci aurait voulu être ingénieur des mines, il sera marin, et une fois nommé dans une spécialité, il lui sera impossible d'en sortir pour aller où son génie le portait; il fera toute sa vie ce qu'il ne voulait pas faire, et il le fera médiocrement ou mal.

Ces jeunes gens en sortant des écoles débutent par des places très-importantes dans ces diverses carrières, sans qu'ils aient aucune expérience pratique; ils ne peuvent l'acquérir qu'en faisant souvent des fautes. Il n'est pas un seul ingénieur investi, comme il l'est toujours, d'un service considérable en sortant des bancs, dont l'apprentissage n'ait coûté à l'État et aux départements plusieurs centaines de mille francs. Pour les constructions maritimes il en est plus d'un qui a coûté des millions.

Après un travail excessif pour entrer à l'école et pour en sortir dans un bon rang, la plupart ayant une position assurée où l'ordre naturel et hiérarchique les portera à un avancement au moins de second degré, qui ne peut leur échapper, passent le temps à ne faire que le moins possible ; se bornant à exécuter la besogne strictement nécessaire, ils oublient avec délices une partie de ces grandes sciences qu'ils ont apprises avec tant de peine et d'ennuis.

Et ces privilégiés, en position légale d'occuper toutes les fonctions principales de tant de carrières, sont un obstacle permanent à la manifestation des hommes de haute capacité qui pourraient se trouver en dehors ou dans les rangs inférieurs de leurs corps. Un Vauban, déclaré inadmissible à l'école Polytechnique, parce qu'il aura été intimidé ou malade au moment de l'examen, ou parce que son génie ne s'était pas encore développé, ne pourra jamais être que surveillant du génie ou officier de troupe ; un Brunel sera toute sa vie conducteur des ponts et chaussées.

Les plus grands génies, qui ne se développent souvent que dans la force de l'âge, seront étouffés, perdus pour la patrie, et la place qu'ils devraient illustrer sera remplie par les prodiges de vingt ans, qui à trente ne sont plus souvent que des médiocrités désespérantes.

L'école Polytechnique reçoit chaque année l'élite de la jeunesse française, renvoie chaque année dans la société cent vingt à cent cinquante hommes instruits par les plus habiles, les plus savants professeurs de l'Europe ; ne semble-t-il pas qu'elle devrait peupler la France de Vaubans, de Brunels, de Watts, de Fultons ? Eh bien, les grandes découvertes qui changent la face du monde ont été presque toutes faites et perfectionnées par des ingénieurs étrangers, ou des ingénieurs libres, de simples mécaniciens, ou de simples ouvriers; comment ce foyer de science donne-t-il si peu de lumières nouvelles? Comment une terre aussi riche produit-elle si peu? Par les raisons que nous venons d'indiquer et par d'autres encore que nous ferons comprendre dans le paragraphe suivant.

§ 2. — SYSTÈME DE TRAVAUX PUBLICS.

La plupart des grands travaux publics sont ordonnés par l'État, exécutés par ses ingénieurs avec l'argent de l'impôt.

L'ingénieur ordinaire fait un projet sur l'ordre de ses chefs, jamais ou presque jamais de son propre mouvement; ce projet doit être examiné et approuvé par l'ingénieur en chef, qui souvent le modifie; ensuite, il doit être nécessairement soumis au conseil général des ponts et chaussées, qui l'accepte, le rejette ou le modifie définitivement.

Le projet revient ensuite à son auteur, qui doit l'exécuter, même lorsque ses plans ont été changés malgré lui, ou à son successeur, qui exécute un projet qui n'était pas le sien et qu'il aurait fait souvent tout autrement.

Non-seulement toute responsabilité est ainsi détruite, mais cette hiérarchie rigoureuse empêche la spontanéité, les inventions heureuses, les améliorations, tout devient routine.

L'ingénieur qui voudra innover, faire autrement et mieux que ses collègues, sera mal vu de ses chefs : ses succès feraient la critique de leurs actes. Il est dangereux d'avoir plus d'esprit, de capacité que ses supérieurs; il est plus avantageux de se résigner à la médiocrité, qui n'offense personne et plaît à tout le monde, on est mieux avec ses collègues et ses chefs, on a la vie plus douce et on peut espérer un avancement plus rapide.

Quant au conseil des ponts et chaussées, il est composé de tous les inspecteurs divisionnaires, c'est-à-dire en grande majorité de vieillards, qui sont presque infailliblement, la nature le veut ainsi, les ennemis de tout ce qu'ils n'ont pas fait dans leur jeunesse ou leur âge mûr, de toutes les innovations. Ils décident ensuite toutes les questions sur pièces, sans avoir vu les lieux, c'est-à-dire à peu près en aveugles.

Le conseil supérieur, souverain juge de tous les projets de travaux des ponts et chaussées qui s'exécutent dans toute la France, est une entrave perpétuelle et un obstacle permanent à tous les progrès.

Il en est de même de la commission supérieure des bâtiments civils pour les grands travaux d'architecture.

Tous les travaux publics sont exécutés par des ingénieurs ou fonctionnaires qui sont ici aujourd'hui et demain à cent lieues de là peut-être; que leur importe la prospérité du département où ils ne feront que passer?

Le trésor de l'État payant ces travaux, nul n'a un intérêt personnel, sérieux, puissant, à ce qu'on n'exécute jamais que les travaux réellement utiles, qui rapportent plus qu'ils ne coûtent, bien au contraire.

D'un autre côté, le gouvernement est assailli de demandes, de réclamations; chaque localité veut, comme telle autre localité favorisée, obtenir aussi une route, un canal, un chemin de fer, et c'est de toute justice; pourquoi les pays pauvres qui ont contribué par leurs impôts à faire de grands travaux dans les pays riches n'auraient-ils pas aussi chez eux des travaux du même genre; qu'importe que ces travaux ne puissent jamais rapporter ce qu'ils coûteront? Puiser dans le trésor de l'État le plus que l'on peut, c'est du patriotisme et de l'habileté : chacun pousse ainsi aux dépenses exagérées, et souvent inutiles. Et le gouvernement, profitant de cette manie qui augmente son influence, fait de grands projets qui prêtent aux grandes phrases, aux développements pompeux; on élève ou on achève des monuments dignes des siècles de Léon X ou de Louis XIV, on réunit le Rhône au Rhin, le Nord et le Midi, l'Océan à la Méditerranée, etc. Il est vrai que les canaux, par exemple, qui doivent opérer ces merveilleux résultats, aboutissent à des rivières à sec; il est vrai qu'on prend aux communes, pour faire ces travaux gigantesques, l'argent qui leur aurait servi à rendre viables leurs chemins vicinaux, cent fois plus utiles; il est vrai qu'on appauvrit le pays au lieu de l'enrichir, mais qu'importe? ces travaux sont la gloire de la France et de son administration.

Dans ce grand combat que chaque localité livre

au trésor public, les départements les plus riches, et, par conséquent, les plus influents, ceux que l'on tient à ménager et que l'on craint, obtiennent un plus grand nombre de travaux que les pays pauvres, et, par conséquent, sans influence et que l'on ne craint pas; on enrichit les riches et l'on appauvrit les pauvres.

Autre considération :

Le gouvernement doit, autant que possible, ménager les députés de chaque contrée de la France; pour satisfaire un peu chacune d'elles, il commence beaucoup de travaux; mais par insuffisance de fonds ainsi disséminés il ne termine rien que très-lentement, et, comme la plupart de ces travaux sont improductifs, tant qu'ils ne sont pas achevés, l'État dépense, en pertes d'intérêts, le quart, le tiers, la moitié, et souvent plus, de la somme principale nécessaire pour les achever.

Presque tous ces travaux sont exécutés ensuite de la manière la plus dispendieuse. L'ingénieur de l'État, n'ayant aucun intérêt personnel à les faire avec économie, ne pense trop souvent qu'à sa gloire d'ingénieur, l'argent n'est rien pour lui : il oublie complétement que tout travail public doit accroître la richesse publique, et non la diminuer, et que dépenser un million, pris au public, pour accroître le revenu général de 5000 fr. ou de zéro, est une folie criminelle; il ne verra que la beauté du travail, l'honneur qu'il en retirera, la croix ou la place d'ingénieur en chef; il devrait voir, avant tout, l'utilité du travail.

Le gouvernement a compris qu'il ne pouvait,

sans dilapider la fortune publique, faire exécuter ces travaux par régie, et qu'il fallait des entrepreneurs ; mais il s'est réservé le droit de faire juger toutes les contestations qu'il pourrait avoir avec les entrepreneurs par la justice administrative, c'est-à-dire, par ses agents révocables à sa volonté, et d'obliger ces entrepreneurs récalcitrants, fussent-ils domiciliés à deux cents lieues, à venir plaider en appel à Paris, devant le conseil d'État ; de sorte que les ingénieurs, armés en outre de cahiers des charges très-sévères, sont toujours sûrs de ruiner les entrepreneurs à volonté. Quel est l'homme bien solvable, placé dans une position un peu élevée, qui voudrait consentir à être entrepreneur des travaux publics ? Bien rarement un homme ainsi placé, qui par son crédit espérera échapper à la domination et aux vexations, consentira à entreprendre un vaste travail. Presque toujours les entrepreneurs seront des industriels ayant peu de chose à perdre, qui se rattraperont, par la mauvaise confection des travaux et la complicité des agents subalternes, de marchés onéreux, et ce système a pour résultat des travaux souvent mal faits et fort dispendieux.

Mais l'État ne se borne pas à faire exécuter des travaux publics, il veut les entretenir et souvent les exploiter.

L'entretien, besogne fastidieuse, sans intérêt et sans gloire, qui exige partout une surveillance continuelle et impossible de l'ingénieur, coûte très-cher, grâce aux entraves de la paperasserie, qui empêche les réparations de se faire à l'instant même, grâce au système de régie qui rend souvent les ouvriers payés à la journée de véritables fainéants d'ateliers nationaux ; et quoique l'entretien coûte très-cher, il est fait souvent d'une manière incomplète.

L'État exploite lui-même le péage de ses canaux ; il voudrait commencer à exploiter les chemins de fer, et dans cette régie la routine domine, nulle amélioration, nul souci de se prêter aux besoins, aux habitudes du commerce, d'augmenter les recettes, la régie est fort chère, fort insouciante, et la recette est nulle ou à peu près.

Aussi voit-on tel canal qui a coûté plus de 60 millions à l'État, et par la perte des intérêts pendant les 60 ans de sa construction, plus du double en réalité, ne rapporter à peine que 1 million net, opération citée cependant comme une des plus belles que l'administration ait jamais faites. Aussi voit-on tel autre canal, qui a coûté plus de 40 millions en capital, et par les pertes d'intérêts plus de 80, rapporter moins que rien ; et, en définitive, tous les canaux construits et exploités par l'État, pris en masse, et qui ont enlevé à l'agriculture tant d'hectares des plus riches vallées, ne produisent pas la somme nécessaire pour leur entretien et leur exploitation. Là où l'on a détruit des richesses on se vante d'en avoir créé.

En résumé, tous les travaux que l'État exécute sont entrepris presque tous sans raisons suffisantes, exécutés sans aucun esprit d'économie, entretenus très-chèrement et exploités de la manière la plus déplorable. L'État pour toutes ces opérations se surveille lui-même, c'est assez dire que la surveillance est nulle ou à peu près. Mieux aurait valu laisser l'argent de ces travaux aux contribuables, ils en auraient fait un emploi bien plus utile.

D'un autre côté, les travaux publics qui sont faits par des associations particulières à leurs risques et périls, et par conséquent presque toujours avec des conditions probables de succès, avec économie, et qui seraient exploités avec activité et sagesse, rencontrent pour premier obstacle le puissant esprit de corps des ponts et chaussées, très-désireux de conserver le monopole des travaux publics. Les projets des compagnies doivent être approuvés par le conseil supérieur de ce corps si jaloux; on entrave leurs demandes, on leur impose des conditions onéreuses, on suspend sans cesse l'épée de Damoclès sur leur tête, de sorte que le corps des ponts et chaussées fait mal et empêche de bien faire.

Enfin, on ne veut faire aux compagnies que des concessions temporaires, les plus courtes possible, et l'on ôte ainsi à l'industrie son ressort le plus puissant, au pays sa stabilité, en multipliant les fortunes viagères, et l'on introduit ainsi dans les lois et dans les mœurs le principe de la spoliation et du communisme, en donnant à l'État le droit de s'emparer, à un moment donné, non-seulement d'une vaste industrie mais de propriétés foncières et mobilières achetées et crées par les compagnies avec l'argent des actionnaires.

Nos finances ont été profondément altérées par les dépenses des chemins de fer : et cependant ils sont beaucoup moins nombreux et moins avancés en France qu'aux États-Unis, en Angleterre et même en Allemagne[1].

Le système des travaux publics de la France, quoique les ingénieurs soient en général très-instruits, très-capables et très-probes, cause une énorme déperdition de la fortune publique et oppose un obstacle perpétuel aux progrès, parce que c'est le système de la centralisation et du monopole.

Bien des personnes cependant, et dont la réputation de capacité est grande, s'imaginent que la raison politique doit empêcher le gouvernement de renoncer à ce monopole. Les travaux de l'État ont, à leurs yeux, le grand avantage de donner de l'ouvrage aux ouvriers, de prévenir leur misère et d'augmenter leur bien-être.

N'est-ce pas une illusion funeste? L'État ne pouvant faire travailler des ouvriers qu'avec l'argent de l'impôt ne peut donner de l'ouvrage sur un point, qu'en le paralysant sur d'autres. Si, par exemple, pour exécuter un grand travail, l'État lève un impôt de 300 000 fr. sur mon arrondissement, il ôte à chacun de mes compatriotes autant de moyens de travail; ces 300 000 fr. laissés dans la localité, auraient même fait exécuter, grâce au désir de chacun de tirer un bénéfice de son argent, pour plus de 300 000 fr. de travaux réellement utiles, sans

---

[1] En janvier 1850 l'Angleterre a en exploitation

9 573 kilomètres.
Et la France   2 856 seulement.
____
Différence.... 6 717.

Voy. *Journal des chemins de fer*, du 12 janvier 1850, p. 22 et 23.

forcer les ouvriers à quitter leurs familles et leur pays. Consacrés par l'État à une grande entreprise sur un point de la France, ces 300 000 fr., diminués par les frais de perception et de régie, payant des ouvriers agglomérés, produiront une somme de travail et de bien-être beaucoup moins grande.

Règle générale, l'État ne crée pas de l'ouvrage, il le déplace et souvent d'une manière très-fâcheuse ; l'État ôte toujours plus d'ouvrage qu'il n'en donne.

§ 3. — L'UNIVERSITÉ.

Le gouvernement, à l'aide de l'Université, donne l'instruction et l'éducation à toute la jeunesse ; il n'y a que les petits séminaires destinés à faire des prêtres qui ne soient pas soumis à l'Université.

Cette grande institution est fondée sur le principe despotique et communiste que les enfants appartiennent moins à leurs parents qu'à l'État.

A la tête de l'Université, on voit un ministre qui change souvent et un conseil formé presque entièrement de vieux professeurs, qui est à l'instruction publique ce que le conseil supérieur est aux ponts et chaussées.

L'école Normale, destinée à faire des professeurs distingués, seule et unique pour toute la France, est l'école Polytechnique de l'Université avec presque tous les inconvénients que je viens de signaler.

Il est vrai qu'en outre et au-dessus même de l'école Normale on a établi les concours de l'agrégation, qui peuvent donner à des jeunes gens venus à Paris de tous les points de la France, la faculté de conquérir, concurremment avec les élèves de l'école Normale, par leurs connaissances, leur parole facile, leurs luttes savantes, le droit d'être professeurs dans les grands colléges de l'État. Sur ce point l'Université est plus libérale que l'administration des travaux publics, qui ne reçoit parmi ses officiers que les privilégiés de l'école Polytechnique et jamais les sous-officiers du corps, quels que soient leurs services et leurs mérites. Mais les concours de l'agrégation n'en ont pas moins tous les inconvénients que j'ai signalés pour les concours d'admission à l'école Polytechnique et en outre celui de ne se faire qu'à Paris.

Dans tous les colléges, l'instruction est uniforme; les livres, les méthodes d'enseignement, le temps des études sont partout les mêmes; ils ne peuvent être changés que par le ministre et par le conseil.

Avec ce monopole, cette organisation, cette hiérarchie, tout est immobilisé.

Comment les conseillers qui ont vieilli dans l'enseignement pourraient-ils admettre des innovations? Ne seront-ils pas disposés à croire qu'on ne peut rien faire de mieux que ce qu'ils ont fait toute leur vie? Ne regarderont-ils pas toute amélioration comme une critique de leurs actes, de leurs idées, de ce qui leur a valu le plus haut grade de l'Université? Le progrès n'est-il pas frappé d'avance d'utopie, de rêverie, d'innovations dangereuses?

Et, cependant, que de changements et d'améliorations à faire!

On fait apprendre scientifiquement à l'enfance et à la jeunesse des langues mortes; c'est un travail ingrat et contre nature. L'enfant apprend par les sons, par la mémoire et non par l'analyse. Nous avons appris le français sans efforts, sans nous en douter, pourquoi ne pas apprendre de même le grec et le latin ?

On enseigne à la jeunesse, pendant dix ou douze ans, du grec et du latin, et en sortant du collége elle ne sait ni le grec ni le latin ou bien peu, et ne sait à peu près que cela; sans compter que dix jeunes gens sur onze, à leur sortie du collége, ne savent que faire de leur grec et de leur latin, et que presque tous, en apprenant l'histoire des ré-publiques romaine et grecques où la liberté des citoyens se combinait avec l'esclavage des masses et l'omnipotence de l'État, en étudiant les auteurs classiques où l'on voit sans cesse en action la mo-rale fort peu édifiante du paganisme, se sont formé les idées les plus fausses et les plus funestes sur leurs propres devoirs et sur le rôle qu'ils doi-vent jouer dans notre société moderne.

Que d'autres changements à faire encore! mais comment les faire avec un corps unique pour toute la France, organisé hiérarchiquement, uni-formément, n'ayant presque jamais à sa tête que des vieillards ?

On prétend néanmoins que les études sont très-fortes dans les colléges. Erreur complète ! A Paris, un petit nombre de sujets qu'on prépare pour le concours général, afin de faire honneur à la pen-sion ou au collége, comme on entraîne les chevaux de pur sang pour gagner le prix de la course, ap-prennent certaines parties avec ardeur et savent; mais, en général, les études sont d'une grande faiblesse. On soigne l'élite qui sert de réclame ; on néglige la multitude.

Il n'y a point de rivalité, de concurrence, et par conséquent point d'émulation entre des colléges régis par la même administration et dont les professeurs font tous partie du même corps.

Le ministre est le souverain maître de l'avancement ; presque tous les professeurs sollicitent une place plus lucrative, et sont sans cesse en mouvement à la poursuite de l'avancement comme des employés des droits réunis : les plus distingués ont continuellement les yeux fixés sur Paris, la province est pour eux un lieu d'exil ; comment pourraient-ils s'attacher à un collége qu'ils sont toujours sur le point de quitter ? Comment, d'un autre côté, les villes pourraient-elles veiller à la prospérité et aux bonnes études de leurs colléges, lorsqu'elles n'ont aucune autorité ni sur les professeurs ni sur les élèves, lorsqu'elles n'ont pas autre chose à faire que de payer les professeurs inconnus au pays et toujours prêts à le quitter ?

Une sorte de paresse et de langueur s'empare des professeurs et des élèves, on travaille mollement, le professeur fait sa classe comme un métier, avec ennui, l'élève fait ses études sans goût et sans ardeur.

D'ailleurs, le programme des études est trop vaste et les jeunes gens sortent trop tôt du collége pour que les études puissent être fortes. Au grec et au latin on a successivement ajouté l'histoire universelle, l'histoire naturelle, la physique, des langues vivantes, les mathématiques ; on fatigue et on étiole de pauvres enfants pour leur mettre à la fois dans la tête tant de choses diverses ; sans doute plusieurs pourraient les apprendre s'ils restaent au collége jusqu'à vingt ans et plus. Mais en même temps qu'on grossissait le programme on diminuait le temps des études ; la plupart des parents, veulent que leurs enfants les terminent de bonne heure afin d'utiliser promptement l'éducation qu'ils leur ont fait donner, et les jeunes gens, affaiblis de corps et d'esprit par un travail trop sédentaire et trop étendu, sortent du collége généralement à seize ou dix-sept ans, saupoudrés d'une science universelle et superficielle qui, à l'air libre, disparaît plus vite que les prétentions qu'elle aura fait natre.

On exige, il est vrai, pour entrer dans presque toutes les carrières, l'épreuve du baccalauréat ; le programme en est fort étendu et celui qui saurait bien tout ce qu'il renferme serait certainement un homme instruit. Mais croit-on que le diplôme de bachelier délivré à 3000 jeunes gens à peu près chaque année, soit une garantie de savoir ?

D'abord, comme on exige ce diplôme pour entrer dans presque toutes les carrières publiques, les examinateurs sont disposés à l'indulgence ; ils craindraient par une trop grande sévérité de briser par avance l'existence de tant de jeunes gens qui se destinent aux fonctions publiques les plus modestes et pour lesquelles en réalité le latin, le grec et les sciences sont parfaitement inutiles.

Ensuite d'un mauvais écolier sorti du collége, on peut en trois mois faire un sujet capable d'être reçu bachelier : il y a des entrepreneurs qui n'ont pas d'autre commerce, c'est une spécialité.

La grande affaire ce n'est pas de savoir parfaitement ce qui est exigé dans le vaste programme du
baccalauréat, c'est de savoir ce que demandent
les examinateurs. Lorsqu'on a suivi les examens,
on connaît son monde, on voit fonctionner la
machine, on la sait bientôt par cœur, et, avec
un peu de hardiesse, on est sûr du succès. Les
examinateurs qui ont le rude métier d'interroger
tant de jeunes gens toujours pour le même objet,
ne se donnent pas l'ennui de chercher du nouveau ; leurs questions sont presque toujours les
mêmes. On sait ce qu'il faut répondre, et avec un
bagage de science très-mince on est reçu parfaitement bachelier ès lettres.

Seulement revoyez quelques années après le bachelier ès lettres, s'occupe-t-il de littérature, de
sciences, d'œuvres d'intelligence? Il lira des romans
et les journaux du cercle, mais aura parfaitement
oublié le peu de grec et de latin qu'il avait appris.

Jamais dans les villes de province plus grande
pénurie d'hommes instruits ; jamais il n'y a eu plus
de bacheliers.

Toute la jeunesse française lettrée a été jetée
dans le même moule, qui produit des médiocrités
uniformes aptes à tout et propres à peu.

Mais si l'instruction laisse beaucoup à désirer,
que dirons-nous de l'éducation?

Les maîtres de pension, autorisés par l'Université, sont souvent des industriels pour qui le bénéfice est chose plus importante que la moralité de
leurs pensionnaires.

Les principaux des colléges communaux sont

souvent des industriels du même genre, qui sollicitent sans cesse du ministre un collége meilleur,
c'est-à-dire une boutique plus achalandée.

Les proviseurs et les censeurs des lycées ont, il
est vrai, des traitements fixes, ils ne peuvent spé-
culer sur la soupe de leurs élèves, mais la plupart
sont moins occupés de la moralité et de l'éducation
des élèves que des moyens d'obtenir une place
d'inspecteur ou de recteur.

L'élève est une marchandise, un marchepied.

Si encore on se contentait de l'exploiter à son
profit, mais sans gâter son esprit et son cœur; le
mal ne serait pas très-grand de lui apprendre peu,
mais on lui apprend à douter de tout.

L'État n'a point de religion, puisqu'il doit pro-
téger toutes les religions également, puisqu'il donne
l'instruction et l'éducation aux jeunes gens des différentes religions. Les professeurs, les maîtres de
pension, les maîtres d'études sont souvent de religions différentes ou sans religion; ils détruisent
souvent dans l'esprit et le cœur de l'adolescent les
croyances que le prêtre et la mère de famille avaient
données à l'enfant. Enfin les études classiques se
terminent par une année obligée de philosophie.

Voilà bientôt quelques milliers d'années que les
philosophes se disputent, et il est probable qu'il
se passera bien des siècles avant qu'ils puissent se
mettre d'accord. Le résultat le plus certain de ces
études philosophiques imposées à des jeunes gens
qui commencent à sentir toute l'effervescence des
passions, de ces études où la raison seule prétend
expliquer la destinée de l'homme, c'est le doute

sur les doctrines, les dogmes, les devoirs, le douté sur tout; ces jeunes gens qui vont entrer dans le monde auront perdu en moralité et en vertu bien plus qu'ils n'auront gagné en science.

Après les études du collége, la plupart des jeunes gens des familles aisées se rendent aux écoles de Droit et de Médecine placées à Paris et dans d'autres grandes villes. Ces écoles ont le privilége exclusif de faire des docteurs et des avocats.

Mais pour obtenir son diplôme il ne suffit pas de prouver que l'on sait, il faut prouver que l'on a suivi pendant plusieurs années, avec ou sans fruit, peu importe, les cours officiels des professeurs dont le zèle, très-grand lorsqu'il s'agissait de conquérir leurs chaires par le concours, s'endort ensuite presque toujours dans leur position assurée et inamovible. D'ailleurs, après quelques années, ces professeurs ne sont-ils pas parfaitement ennuyés de répéter continuellement les mêmes leçons à des jeunes gens inattentifs et ennuyés eux-mêmes?

Ces leçons, du reste, ont presque toujours été publiées par les professeurs; en les achetant chez leurs libraires et en les étudiant avec soin, à tête reposée, il y aurait double profit pour les professeurs et les élèves.

Mais en vain aurait-on appris parfaitement la médecine ou le droit, en étudiant les meilleurs livres de science, en recevant des leçons théoriques et pratiques des hommes les plus habiles, professeurs libres, en vain aurait-on les connaissances d'un d'Aguesseau ou d'un Vic d'Azir, on ne peut être admis à passer des examens et à prouver que l'on mérite le diplôme de médecin ou d'avocat, si l'on ne peut prouver avant tout qu'on s'est fait inscrire pendant des années aux cours de l'école officielle.

Tous ces jeunes étudiants, aux passions ardentes, exilés de leurs familles, livrés à eux-mêmes dans de grandes villes, foyers de corruption, et dont l'ardeur pour le plaisir s'augmente par leur agglomération, se trouvent ainsi souvent, de par la loi, à l'école du libertinage, de la paresse, de la politique turbulente d'estaminet, au lieu d'être à l'école de la science, des bonnes mœurs et des études fortes et sévères.

Mais au moins, dira-t-on, l'Université, en rendant les idées, les habitudes uniformes, prévient les haines entre les classes et les guerres civiles. On se trompe.

L'Université donne dans ses colléges une instruction classique et littéraire qui ne convient qu'au petit nombre de personnes qui peuvent vivre de leurs rentes ou embrasser avec succès une profession libérale. On continue à imposer à une nation démocratique une instruction qui ne convenait qu'à une nation aristocratique et dont le clergé était très-nombreux et très-riche (en supposant toutefois qu'il fût convenable de donner une instruction païenne à l'élite d'un peuple chrétien) : aberration d'esprit incroyable et que la France paye cher ! Entre le collége et l'école primaire, il n'y a point d'instruction professionnelle utile aux ouvriers intelligents et aux jeunes gens qui se destinent aux affaires industrielles et commerciales. Le désir de s'élever est général : la France démocratique est encore pleine des idées et des préjugés de la France aristocratique; on proclame tous les hommes égaux, on fait de belles phrases sur la dignité du travail et trop souvent l'ouvrier est disposé à rougir du travail manuel et en désire pour ses enfants un autre qu'il croit plus noble. Beaucoup de fils d'artisans reçoivent soit dans les colléges, soit dans les petits séminaires qu'ils quittent souvent sans se faire prêtres, cette instruction classique dont la plupart ne savent ensuite que faire. Toutes les carrières libérales sont encombrées; cette instruction ne donne ni place, ni clientèle, ni pain à ces victimes de la vanité paternelle, et les empêche de reprendre l'état de leur père et de vivre avec leurs bras. Malheureux, aigris contre la société où ils sont déclassés, ils cherchent une position, un refuge contre la misère et un remède aux souffrances de leur vanité dans une révolution qui, excitant toujours plus d'appétits qu'elle ne peut en contenter, est bientôt suivie d'une révolution nouvelle.

Quant à l'instruction primaire, elle a été organisée en dehors de l'influence du clergé. L'instituteur qui a conquis à l'école Normale le droit au travail de l'enseignement, qui souvent, dans cette école a perdu plus de vertus qu'il n'a gagné de science et dont la vanité s'est gonflée du sentiment exagéré de son importance; l'instituteur, indépendant de la commune qui le paye, souvent rival du curé et mentor du maire, ne peut être réprimandé, suspendu, changé ou révoqué que par un comité très-nombreux; il a plus de garanties d'indépendance que les plus hauts fonctionnaires de l'État, il est presque inamovible, et ce personnage si important, chargé par l'instruction de la jeunesse de l'avenir du pays, peut avoir une conduite fort peu édifiante, des idées fausses et dangereuses; il peut n'avoir ni foi ni loi. A Dieu ne plaise que ces mots s'appliquent à tous les instituteurs, il en est un grand nombre qui remplissent admirablement leurs fonctions, mais peut-on contester la grandeur du mal? Certaines personnes, il est vrai, prétendent que l'instruction moralise toujours et que les lumières seules, plus répandues, rendent les hommes meilleurs. Erreur complète ! c'est l'éducation qui moralise et non l'instruction. Donner à toute la jeunesse pauvre de l'instruction sans religion, c'est multiplier la force des passions, sans leur prescrire de règles, c'est exciter des désirs immenses qui ne seront jamais satisfaits, c'est jeter des armes et de la poudre aux mains de la multitude sans lui apprendre à s'en servir, c'est préparer des catastrophes, rendre la véritable liberté impossible et le despotisme une nécessité[1].

---

[1] M. Fayet professeur de mathématiques à Colmar a présenté à l'Académie des sciences morales et politiques un mémoire sur la diffusion de l'instruction primaire et sur ses effets moraux. Il en résulte que les départements les plus *instruits* ont pendant les deux périodes de dix ans qui viennent de s'écouler, de 1827 à 1846, fourni annuellement des nombres d'accusés et de prévenus, de suicides et d'enfants naturels notablement plus grands que ceux qui ont été fournis par les départements les plus *ignorants*. Voir dans le *Moniteur* des 3, 5 et 6 février 1850, le compte rendu de l'Académie et l'intéressante discussion qui a eu lieu à l'occasion de ce mémoire.

CHAPITRE III.

EXAMEN DE SYSTÈMES ADMIS EN FRANCE.

Si la centralisation et les institutions qui en découlent me semblent un fléau pour mon pays, je pourrais en dire autant de systèmes ou de principes regardés généralement comme indispensables au bonheur des Français et à la puissance de la France.

§ 1. — L'INDUSTRIE.

Tous nos gouvernements avaient été tellement frappés du spectacle merveilleux de la puissance anglaise, attribuée à son commerce et à son industrie, qu'ils ont tous cherché à l'envi les moyens de faire de la France une nation industrielle. Ils ont en conséquence prohibé ou chargé de droits les objets manufacturés provenant des pays étrangers, sans penser aux représailles si fatales à notre marine; ils ont accordé des primes d'encouragement aux industries indigènes, décerné des récompenses de toutes sortes aux industriels.

Il y avait bien cependant aux avantages de l'industrie anglaise plus d'un inconvénient; le paupérisme avait marché du même pas que l'industrie, mais on ne vit que le beau côté, on ne voulut pas retourner la médaille.

Depuis la paix surtout toutes les idées se portèrent du côté de l'industrie, on ennoblit le désir de gagner de l'argent par un sentiment de patriotisme ; l'Europe devenait pacifique, se faisait industrielle, il fallait que la France dans cette nouvelle phase de l'humanité fût encore au premier rang ; la furie française qui venait de se ruer dans des combats gigantesques se précipita dans les luttes industrielles.

Mais aux rêves dorés, succéda la triste réalité ; le paupérisme, en France comme en Angleterre, marcha du même pas que l'industrie.

L'industrie manufacturière fabrique, elle n'est jamais sûre de vendre. Plusieurs de ses produits dépendent du caprice de la mode, tous dépendent de l'aisance plus ou moins grande de la population et qui varie chaque année. Si les récoltes sont mauvaises, avant d'acheter des objets manufacturés on pense à se procurer ce qui est nécessaire à la vie. Vous fabriquez cette année, que vendrez-vous l'année suivante ? la production peut à chaque instant dépasser la consommation, alors les manufacturiers se ruinent ou arrêtent leurs travaux, les ouvriers sont inoccupés ; que de détresses, de misères, de ruines !

L'industrie agricole n'est pas dans cette position déplorable; plus ses récoltes sont abondantes plus la masse de la population est heureuse ; l'agriculteur pourra se trouver alors géné d'argent, mais il aura toujours en abondance les choses nécessaires à la vie, tandis que l'ouvrier des manufactures ne recevant pas son salaire ordinaire lorsque la vente des produits manufacturiers s'arrête , se trouve privé des choses absolument indispensables à son existence et tombe dans une misère affreuse.

Ces crises causées par un excès de production sont rendues plus fréquentes par la concurrence intérieure et par la concurrence étrangère qui sont extrêmes.

Toutes les grandes nations de l'Europe veulent être industrielles, produire non-seulement les objets nécessaires à tous leurs citoyens mais les objets nécessaires à tous les hommes du globe pour ainsi dire ; elles se font une concurrence sans paix ni trêve, rapprochent ainsi l'époque des crises, les rendent plus terribles, et accroissent à l'envi la misère des ouvriers industriels. .

Dans cette guerre, la France n'est pas celle qui a éprouvé le moins de désastres.

Mais elle s'est exposée à une crise qui peut être encore plus terrible. Elle a fait les plus grands efforts, les plus grands sacrifices pour naturaliser chez elle des industries immenses dont elle n'a pas, dont elle n'aura jamais sur son sol la matière première placée au delà des mers, de sorte qu'une guerre avec une puissance maritime supérieure obligerait de fermer des manufactures, qui comme celles du coton occupent plus de 600 000 ouvriers réduits alors à la mendicité.

Mais ces considérations ne sont pas les seules.

L'expérience a démontré que plus une industrie

est considérable, plus elle peut donner ses produits à bon marché, parce que les frais généraux écrasent une petite industrie ; dès lors les vastes établissements se sont multipliés parce que dans la guerre de l'industrie la victoire est aux gros capitaux.

L'invention des machines donna à cette tendance une puissance irrésistible. Ces producteurs merveilleux, dont un seul fait le travail de cinquante, de cent, de mille hommes ne peuvent être exploités que par des manufacturiers ou des associations assez riches pour acheter des masses énormes de matières premières manipulées par ces ouvriers gigantesques et infatigables.

Chaque jour les petites manufactures, les petites usines, les industries de famille tuées par les grandes fabriques disparaissent; le petit fabricant devient contre-maître ou manœuvre; tandis que le sol de la France se subdivise en une multitude innombrable de petits propriétaires cultivateurs, l'industrie s'agglomère, se concentre de plus en plus en un petit nombre de mains ou de sociétés. Le commerce de détail lui-même tend à se faire dans les grandes villes par de riches associations. Les hommes libres de l'industrie diminuent, la multitude des prolétaires qui restent tous dans la faiblesse et l'égoïsme de l'isolement et de l'individualisme augmente rapidement, et ces soldats ilotes de l'industrie sont de plus en plus entassés pour leur vie dans de grandes casernes qu'on appelle manufactures, tandis qu'on ne trouve plus dans les petites industries de famille, répandues autrefois sur toute la surface du territoire, un moyen d'occuper, dans la morte saison surtout, hommes, femmes et enfants.

Cette agglomération d'ouvriers des deux sexes, dans de grands ateliers où ils font toujours le même travail, a pour résultat de les réduire, pour ainsi dire, à l'état de machines, de les exposer à une dépravation précoce, de les dégrader au physique et au moral. Cette population est tellement abâtardie, que dans presque tous les districts manufacturiers, on ne peut trouver des jeunes gens valides en quantité suffisante pour satisfaire au contingent annuel du recrutement.

Ce système rend les ouvriers manufacturiers plus malheureux sous plus d'un rapport que les serfs attachés autrefois à la glèbe. Ces derniers jouissaient au moins du grand air, du soleil, leur travail ne les rendait pas chétifs, étiolés, vieillards à trente ans. Les ouvriers des manufactures ont sans doute la liberté d'aller où ils veulent, mais où iront-ils? Accoutumés à leur travail mécanique, toujours le même, ils ont perdu la force de travailler à la terre ou à un autre métier; ils ne peuvent trouver leurs moyens d'existence que dans les manufactures; dès lors à quoi bon changer de pays? ils trouveront à Elbeuf ou à Lille l'encombrement de Mulhouse ou de Lyon; la misère les suivra, ils l'auront aggravée par leurs dépenses de voyage. Ils souffriront, ils s'étioleront dans un autre lieu; voilà tout l'avantage que leur donnera la liberté. Et l'on s'applaudit de nos progrès industriels! Malheureux progrès qui ont accru le nombre des hom-

mes voués à l'abrutissement, à la dégradation physique et morale ! Malheureux progrès qui ont donné
à tant de pauvres souffreteux la maladie conta-
gieuse de la misère, cause imminente peut-être de
terribles ravages dans le reste de la société !

§ 2. — GOUVERNEMENT REPRÉSENTATIF.

Pendant longtemps on a regardé, et beaucoup
de personnes regardent encore le gouvernement
représentatif comme le remède à tous les maux,
comme la source de toutes les améliorations et de
toutes les prospérités.

Cette foi dans ce système de gouvernement est
quelque peu ébranlée aujourd'hui. Pour être juste
toutefois il faut examiner comment il était appliqué; on ne doit pas voir seulement la forme mais
le fond.

En France, jusqu'au 24 février 1848, le système
représentatif où le petit nombre était électeur, se
combinait avec une centralisation extrême.

Voici le résultat : la plupart des électeurs donnaient leurs voix en échange de places ou d'autres
avantages personnels, ou du moins en échange de
l'espérance de les obtenir ; les députés étaient les
humbles serviteurs de leurs électeurs influents, le
gouvernement l'esclave des députés qui pouvaient
le renverser, et les députés étaient eux-mêmes les
courtisans du gouvernement qui pouvait refuser
ou accorder des avantages, des faveurs pour
eux ou pour leurs électeurs. Le nombre des

places et charges publiques allait ainsi toujours croissant ; il fallait trouver dans le trésor public les moyens de gagner les opposants, de récompenser le zèle et de satisfaire les affamés ; seulement on était sans cesse exposé au danger d'éveiller plus d'appétits qu'on ne pouvait en assouvir.

La centralisation et le monopole électoral avaient ainsi vicié le gouvernement représentatif dans son essence ; ce n'était plus un gouvernement de contrôle, mais de partage.

La Chambre des députés était composée en grande majorité de fort honnêtes gens sans doute, mais sans études politiques approfondies, sans expérience des grandes affaires, devenus, du jour au lendemain, hommes d'État par la grâce de l'élection. Singulière contradiction ! Dans un pays où l'on exige pour tant de fonctions si minimes et des examens et un noviciat, on peut devenir législateur et délibérer de la fortune, de l'avenir du pays entier sans faire la moindre preuve ! On suppose apparemment que le député comme le gentilhomme de Molière sait tout sans avoir rien appris.

Presque tous ces députés commençaient leur carrière politique à un âge où le temps d'apprendre est passé, où les habitudes de l'esprit sont prises et ne changent plus. Leur vie s'était passée dans des occupations subalternes qui rétrécissaient leur esprit au lieu de l'étendre, comment seraient-ils devenus tout à coup de véritables hommes d'État ? Ils avaient toujours vu les objets par leurs détails, comme les myopes ; on avait beau les placer sur un point élevé, leurs regards ne pouvaient embrasser un vaste horizon ; ils regardaient sans voir.

Du milieu de ces hommes surgissaient un certain nombre d'orateurs qui prenaient l'ascendant par une parole facile ou éloquente, bien plus que par leur instruction solide et leur bon sens. Là où il aurait fallu des hommes d'État réglant avec calme et persévérance les grands intérêts de la France, on voyait trop souvent des artistes à l'imagination mobile, sollicitant des applaudissements, la vanité bavarde ou intrigante au lieu de l'amour vrai du bien public et de la rectitude d'un esprit constant et ferme.

Si les gouvernements ont péri ce n'est pas faute, toutefois, de beaux discours, de discours ministres qui ont illustré la tribune française.

La Chambre des pairs composée d'hommes arrivés au déclin de leur vie, presque tous fonctionnaires publics, parvenus aux plus hauts grades de leur carrière autant par un dévouement factice aux divers gouvernements de la France que par leurs services, était un corps sans énergie, sans initiative, sans influence, ossifié pour ainsi dire. Sans doute il y avait dans son sein des hommes d'expérience, de connaissances positives, qui pouvaient donner de sages et utiles conseils, mais le corps était sans indépendance, sans vie ; la puissance quelle qu'elle fût, populaire ou monarchique, pouvait sans crainte le mettre au tombeau. Il ne devait pas même laisser de regrets, ni faire verser une larme.

La dégradation des âmes, l'accroissement incessant des impôts et des dépenses improductives, l'affaiblissement de la France étaient la conséquence d'un pareil système, de pareilles institutions. On marchait à la décadence.

Nous verrons si le système républicain améliorera cette triste position; mais l'on peut affirmer que, si la centralisation, comme l'indiquent, et la disposition des esprits rejetés par la terreur de l'anarchie vers le despotisme, et plusieurs décisions de l'Assemblée nationale, est non-seulement conservée mais agrandie, si l'État continue à absorber de plus en plus l'activité et le génie individuels, l'immense majorité des hommes un peu lettrés sera toujours et encore plus affamée de places, le gouvernement s'applaudira de trouver tant de millions à sa disposition, de faire taire les opposants par des faveurs à distribuer, des destitutions à infliger; on fera exécuter encore plus de travaux par l'État, on donnera encore au gouvernement plus d'influence sur les hommes et sur les choses, les impôts seront encore plus considérables, la fortune publique plus compromise, les hommes plus serviles, plus médiocres, plus incapables de se conduire et d'agir par eux-mêmes, les révolutions plus fréquentes et plus stériles, en un mot la décadence matérielle et morale sera encore plus rapide, et nous donnerons au monde, sous le masque de la République, le spectacle de la dégradation du Bas-Empire.

CHAPITRE IV.

ETAT DE L'AGRICULTURE ET DE LA PROPRIÉTE RURALE.

L'agriculture est toujours la plus grande richesse d'un peuple; l'exemple de l'Angleterre le démontre. Certes c'est la première nation du monde pour l'industrie, le commerce et les capitaux; bien des Français s'imaginent que son agriculture n'est rien en comparaison; eh bien, le résultat de l'*income-tax* a prouvé que le revenu net de toute l'industrie, de tout le commerce, de tous les capitaux mobiliers de l'Angleterre est loin d'atteindre le revenu net de l'agriculture anglaise (C).

Le bien-être ou la misère d'un peuple, sa stabilité féconde ou ses révolutions stériles, sa grandeur ou sa décadence dépendent souvent de l'état de son agriculture.

On vante officiellement les merveilleux progrès de l'agriculture française qui accroît rapidement la grandeur nationale et le bien-être des masses. Examinons.

§ 1er. — AGRICULTURE MÉDIOCRE. — PEUPLE MAL NOURRI. — QUELLES EN SONT LES CAUSES.

La France, qui est peut-être le pays de l'Europe où l'on consacre la plus forte partie du territoire à la culture des céréales, souvent n'a pas assez de grains. De 1816 à 1845 inclusivement, pendant trente-deux ans, elle a reçu de l'étranger pour sa consommation 31 699 925 hectolitres estimés 717 192 369 fr. C'est en moyenne près de 22 millions et demi par an.

Elle reçoit, en outre, chaque année et consomme pour 5 à 6 millions de riz.

Malgré des droits d'entrée assez forts, la France achète chaque année pour 8 à 9 millions de bêtes bovines et de bêtes ovines;

Pour 8 à 9 millions de chevaux;
Pour 6 à 8 millions de suif;
Pour 20 à 30 millions de peaux brutes;
Pour 30 à 50 millions de graines oléagineuses;
Pour 50 à 60 millions de soie;
Pour 20 à 30 millions d'huile d'olive;
Pour 20 à 30 millions de lin et de chanvre;
Pour 40 à 50 millions de laine, sans compter 40 à 45 millions de bois[1] (B).

Plus d'un bon patriote s'écriera, mais ce n'est pas possible! notre belle France ne peut pas être si pauvre qu'elle ait à demander aux étrangers pour plus de 300 millions par an de produits agri-

---

[1] Je sais bien qu'une partie de ces objets servent à nos industries qui exportent une plus grande quantité d'objets manufacturés, mais si notre agriculture était très-prospère, elle suivrait les progrès de l'industrie; et dans tous les cas, puisque les étrangers nous fournissent les matières premières analogues à celles que donne notre agriculture en quantités de plus en plus considérables, c'est évidemment parce qu'ils accroissent leurs produits plus que nous.

coles; vous vous trompez. Hélas! non je ne me trompe pas, voyez les registres de la douane, ils ne disent même pas toute notre misère, car la contrebande n'y figure pas.

Encore si l'on pouvait croire que ces importations ont été rendues nécessaires par l'accroissement extraordinaire de notre population, mais nous avons vu au contraire que c'était en France où la population s'accroissait le plus lentement.

Si la population n'augmente pas rapidement, dira-t-on, au moins elle jouit d'un grand bien-être, rien ne lui manque de ce qui est nécessaire à la vie; le peuple est bien logé, bien vêtu et surtout bien nourri.

Pour le logement et le vêtement il y a des progrès réels, quoique cependant un très-grand nombre de Français habitent des logements étroits et malsains dans bien des villes, et des cabanes sans jour et sans carrelage dans bien des campagnes; quoique des espèces de haillons couvrent encore un très-grand nombre de malheureux qui grelottent aux premiers froids; mais, parlons des aliments, les Français s'ils sont moins mal nourris qu'autrefois, sont-ils bien nourris comme on le prétend?

L'immense majorité ne mange presque jamais de viande de boucherie, et cela par la très-bonne raison qu'il n'y a pas assez de bétail en France pour qu'elle puisse en manger; elle doit se contenter de la viande de porc et encore en petite quantité. En voici la preuve; d'après la statistique générale du royaume, publiée par le ministre en 1837, et qui a été faite avec l'idée, non pas de déprécier, mais de démontrer et d'exalter au contraire les progrès de la France ; la moyenne de la consommation de la viande de boucherie, serait, par chaque habitant, de 11 kilog. 35 par an ; 1 once par jour ! Certes, ce serait bien peu, mais lorsque l'on voit dans le même travail 85 villes, chefs-lieux de département, dont la population totale était de 2 990 358, absorber à elles seules 2 284 456 animaux de la race bovine et de la race ovine sur 9 503 904 que l'on tue dans la France entière, il est bien évident que la grande majorité des Français ne peut manger de la viande de bou‑ cherie que par hasard.

Quant à la viande de porc, la moyenne, par chaque habitant, est de 8 kilog. 65 par an, soit un peu plus de deux tiers d'once par jour !

Si au moins les Français mangeaient tous du bon pain ; mais plus du tiers des Français ne mangent que du pain d'orge ou de seigle, et ont pour sup‑ plément à une aussi mauvaise nourriture, des châtaignes, du maïs, du sarrasin, des pommes de terre et des légumes secs. Dans certains dé‑ partements les malheureux mangent même de l'avoine.

D'après la statistique officielle, qui reconnaît que chaque habitant n'a en moyenne par année que

1 hectolitre	72	en froment
0	33	en méteil
0	66	en seigle
0	44	en orge, avoine, maïs,

sarrasin et châtaignes ; chaque Français aurait en

moyenne 18 onces de pain, dont plus des deux cinquièmes de qualité inférieure à manger par jour, plus la très-maigre pitance en viande, c'est-à-dire qu'une partie des Français auraient continuellement faim s'ils n'avaient pas un supplément dans les pommes de terre, les légumes et le laitage.

Il est vrai qu'on regardera sans doute comme un supplément de nourriture le vin, la bière et le cidre. La statistique estime la moyenne de ces trois boissons à 1 hectolitre 12 par an et pour chaque personne; ce ne serait pas un tiers de litre par jour, et lorsque l'on examine que toutes les personnes un peu aisées boivent au moins le double, il demeure évident qu'une très-grande quantité de Français ne boivent que de l'eau à peu près pendant toute l'année.

En résumé, le peuple français, malgré la fertilité de son sol, est médiocrement ou mal nourri et cela après une très-longue paix.

Quelles sont les causes de la lenteur des progrès agricoles en France? Il en est plusieurs.

§ 2. — L'AGRICULTURE MANQUE D'INTELLIGENCES, DE CAPITAUX ET DE BRAS.

Pour prospérer, l'agriculture a besoin d'intelligences, de capitaux et de bras; le proverbe qui dit : *Pauvre agriculteur, pauvre agriculture,* est rigoureusement vrai (H).

Or, la France, telle que la centralisation et la bureaucratie nous l'ont faite, est une nation de fonctionnaires et d'industriels. L'immense majorité des gens qui ont reçu une instruction même fort médiocre, ou est fonctionnaire public, ou aspire à le devenir. Le nombre des fonctionnaires payés est actuellement de plus de 535 365 (F).

La France a deux grandes armées à peu près d'égale force, l'une qui tient la plume, l'autre l'épée.

Sur 16 hommes en France il y a un fonctionnaire public payé, et si on compte les soldats, et les marins, sur neuf hommes il y en a plus d'un qui vit sur les budgets de l'État, des départements ou des communes. Ajoutons aux fonctionnaires 9814 notaires, 3424 avoués, 7866 huissiers qui, sans compter les avocats, doivent vivre aux dépens du travail productif. Cet état de choses a un double effet désastreux ; non-seulement la France agricole s'épuise à payer tant de monde, mais l'élite de la population française, au lieu de consacrer ses capitaux, son activité, son intelligence, à faire par elle-même, à produire, à enrichir notre pays, n'est occupée qu'à solliciter, administrer, acter, percevoir les impôts et maintenir l'ordre à l'intérieur et la sécurité à l'extérieur.

S'il y a d'un autre côté dans un village, un jeune homme, plus intelligent ou plus riche que les autres habitants, qui pourrait faire progresser l'agriculture, presque toujours il quittera son village pour prendre un métier ou une boutique [1]; son nouvel état lui semblera plus lucratif et plus noble que la charrue et la culture des champs.

---

[1] Le nombre des patentés était en 1835 de 1 208 217, en 1847, il s'élevait à 1 443 678, plus d'un cinquième d'augmentation en douze ans. Quel déclassement, quelle concurrence !

Quant au petit nombre de grands ou de moyens propriétaires vivant de leurs revenus, très-peu sont agriculteurs, la plupart habitent une grande partie de l'année dans les villes, et ne s'occupent de leurs terres que pour en toucher les revenus. Est-il étonnant que, dans la majeure partie de la France, l'agriculture se traîne dans la routine ? Où le petit cultivateur apprendrait-il des méthodes nouvelles ? et lors même qu'il les connaîtrait, pourrait-il les appliquer ? Il a bien juste le nécessaire, il n'a rien à perdre, et vous voulez qu'il risque sa semence, sa terre, sa peine sans être sûr du succès ? S'il voit près de lui un voisin réussir complétement dans une méthode nouvelle pendant deux, trois, quatre années, alors, il profitera de l'expérience, il fera comme ce voisin plus instruit et plus riche ; mais sans l'exemple du succès sous les yeux, il ne tentera rien de nouveau, et, malheureusement, comme il n'y a point d'exemple de ce genre dans une foule de localités, comme on détruit les domaines qui pourraient les donner ou comme on ne les utilise pas convenablement, tout reste à peu près dans la vieille routine.

L'agriculture a besoin d'argent ; tout progrès agricole ne peut s'obtenir qu'avec une plus grande dépense ; il faut de l'argent pour cultiver plus soigneusement, assainir, défricher, obtenir des récoltes plus variées et plus abondantes ; il faut de l'argent pour avoir un plus grand nombre de bestiaux, pour construire les bâtiments nécessaires à des récoltes plus considérables, à des bestiaux plus nombreux ; sans argent, le progrès est impossible.

Mais le nombre des fermiers riches est bien peu considérable en France, et très-peu de propriétaires consacrent à leurs domaines les sommes nécessaires pour en obtenir tout ce qu'ils pourraient produire. La plupart de ceux qui ont des capitaux aiment mieux les placer de toute autre manière; une foule de propriétaires sont gênés et toujours à la veille de vendre leurs domaines, afin de payer leurs dettes ou de placer leur argent dans des spéculations industrielles, qui leur donneront ou leur promettront plutôt des revenus plus élevés.

Tout notre système financier a pour résultat d'attirer au centre une masse énorme de capitaux, soit par l'impôt, soit par les emprunts de l'État, soit par les caisses d'épargne, de dépôts et consignations, soit par le privilége d'une banque unique; tous ces capitaux sont bien ensuite rendus à la circulation, mais sans avoir servi en rien aux améliorations agricoles.

Quant au paysan propriétaire, qui aujourd'hui possède la plus grande partie du sol cultivé il donne à la terre ses bras, sa peine, et avec une grande énergie; mais au lieu d'employer ses économies à l'amélioration de son champ, il les emploie à l'acquisition d'un champ nouveau, et s'il a l'argent nécessaire pour acheter un hectare, il en achètera deux, dans l'espoir, quelquefois trompé, que son travail excessif et de bonnes récoltes lui permettront de payer le second; aussi presque tous les paysans ont-ils des dettes, et plus d'un est sans cesse menacé d'expropriation.

Enfin, l'impôt foncier et des impôts de toute nature enlèvent continuellement à l'agriculture son argent le plus clair. Le fisc perçoit directement, chaque année, en moyenne, le septième au moins du revenu net du sol français ; certaines natures de propriété, comme les vignes, par exemple, sont accablées par des impôts indirects, supérieurs quelquefois à la valeur réelle de la récolte ; et, sans parler des droits d'hypothèques, des droits de timbre et d'enregistrement sur les procès et sur les ventes, le fisc, attaquant le principe de la propriété héréditaire, perçoit, à la mort de chaque propriétaire, au moment où son héritier est accablé de frais de toutes sortes, des droits qui absorbent, selon le degré de parenté, depuis le quart d'une année de revenu, jusqu'à deux années entières, et souvent bien davantage, puisque le fisc ne fait nulle déduction pour les charges et dettes de la succession ; de sorte, qu'à chaque mutation, le nouveau propriétaire est presque toujours obligé de s'endetter ; comment alors pourrait-il faire des améliorations ?

Le fisc perçoit des sommes très-considérables sur les ventes de biens immeubles, et ces ventes s'élèvent à un chiffre énorme et toujours croissant. Dans les dix années de 1826 à 1835, la valeur officielle des biens vendus s'est élevée à 11 milliards 481 millions, soit en moyenne 1 milliard 148 millions annuellement ; dans les cinq années de 1836 à 1840, elle a été, en moyenne, chaque année, de 1 milliard 307 millions ; dans les sept années de 1841 à 1847, la valeur officielle des immeubles vendus s'est élevée annuellement, et en moyenne, à 1 milliard 568 millions; en résumé dans les vingt-deux années de 1826 à 1847, il s'est vendu des immeubles pour une valeur officielle de 29 milliards 301 millions; et la valeur réelle était encore plus considérable, puisque souvent on l'a dissimulée afin de payer moins de droits. Ces ventes si multipliées ne sont-elles pas une preuve de la détresse d'une foule de propriétaires? Et, dans tous les cas, il est évident qu'en France une masse énorme de capitaux sont consacrés, non pas à l'amélioration du sol, mais à son acquisition. On regarde généralement cette mobilité du sol comme un grand bien politique; tout ce que je sais, c'est qu'il n'y a pas de plus grand obstacle à l'amélioration et à l'accroissement de la production agricole, et par conséquent au bonheur des masses.

Au reste, des renseignements officiels nous font connaître combien, en général, l'agriculture manque de capitaux, et dans quelle détresse effroyable se trouvent la plupart des propriétaires.

Nous avons vu plus haut que la dette hypothécaire, portant intérêt, était au moins de 12 milliards et demi, et le nombre des ventes forcées va sans cesse en augmentant : en 1841, 4 016 saisies immobilières; en 1847, 7 659; en 1841, 555 ventes de biens dépendant de successions bénéficiaires; en 1847, 719; en 1841, 311 ventes de biens de faillis; en 1847, 526.

Les intérêts de la dette inscrite ou non inscrite, sur la propriété foncière, absorbent plus du tiers de son revenu total. Avec une dette aussi énorme, comment croire que l'agriculture possède les capitaux nécessaires à ses progrès?

Est-il étonnant que les ouvriers des campagnes, ne trouvant que des travaux peu lucratifs dans leurs villages, cherchent ailleurs des journées plus largement rétribuées (L)?

D'immenses travaux publics coïncidant avec la création de nombreuses usines particulières et de quartiers nouveaux dans les grandes villes, ont enlevé à l'agriculture un grand nombre de bras.

Ce sont les travailleurs les plus énergiques qui ont été tentés par l'appât d'un salaire que ne pouvait pas leur offrir l'industrie agricole. Restés aux travaux des champs, ils auraient fait produire à la terre bien plus que leur consommation personnelle; employés à des travaux de chemins de fer, de canaux, de maisons, d'usines, de monuments, ils ont consommé sans rien produire, car la plupart de ces travaux sont par eux-mêmes improductifs, ou ne rapporteront que plus tard en facilitant un jour les échanges et les progrès de l'agriculture.

Ainsi, l'agriculture manque d'intelligences, de capitaux et de bras.

§ 3. — MORCELLEMENT DU SOL.

Mais il est une autre cause de ruine, pour l'agriculture française, plus désastreuse encore : c'est le morcellement excessif du sol.

Nous ne voulons pas ici faire un parallèle entre la grande et la petite culture, examiner quelle est la plus productive. Il s'agit, non pas de la division du sol entre les familles, mais du morcellement de la propriété d'une famille en plusieurs parcelles.

En 1824, on avait fait une loi qui, pour favoriser les réunions, réduisait à 1 franc le droit sur l'échange des propriétés contiguës. Sous prétexte de fraude, on l'a rapportée en 1834 ; et cependant la réunion des parcelles serait de la plus haute importance.

En 1842, le nombre des cotes foncières s'élevait à 11 millions et demi (11 511 841) ; mais le nombre des parcelles est infiniment plus considérable. Au 1er septembre 1834, la France était partagée en 123 millions de parcelles (123 360 338) ; depuis cette époque, le nombre a dû augmenter encore, puisqu'on a fait une multitude de ventes en détail, et que dans beaucoup de localités l'usage des cultivateurs est de partager, dans une succession, toutes les pièces en autant de parties qu'il y a d'héritiers. Déduisons de ce chiffre, pour l'objet qui nous occupe, le nombre des propriétés bâties : en 1840, il s'élevait à 6 867 235. Il faut ensuite en déduire un certain nombre de parcelles, parce que, dans une propriété d'un seul tenant, le cadastre aura indiqué autant de parcelles qu'il y avait de natures de culture ; faisons encore pour cette cause une large diminution, au delà du vrai, de 16 millions et demi : il restera 100 millions de parcelles pour toute la propriété rurale de la France ; tandis que, si chaque propriétaire avait les terrains qu'il possède réunis dans un seul tenant, il ne devrait pas y avoir plus de parcelles que de cotes foncières, c'est-à-dire 11 millions et demi.

La totalité du territoire français ne contenant pas même 50 millions d'hectares (49 863 610) en propriétés imposables, la moyenne de la contenance de chaque parcelle serait à peine d'un demi-hectare ; mais comme sur ces 50 millions d'hectares, près de 7 millions et demi (7 422 314) en bois, et près de 8 millions (7 799 672) en landes, pâtis et bruyères, sont possédés, en grandes masses généralement, par l'État, des particuliers riches et les communes ; comme d'un autre côté il existe encore un certain nombre de domaines agglomérés, il est évident que pour les 30 à 35 millions restants la contenance moyenne des parcelles doit s'abaisser bien au-dessous de 50 ares, et qu'une multitude de parcelles doivent être excessivement petites.

Quel est le résultat obligé de ce morcellement excessif ?

Pour la culture de la vigne et des jardins, qui se fait à la pioche et à la bêche, le morcellement n'a pas des inconvénients intolérables, et voilà pourquoi la vigne tend à s'étendre, mais pour toutes les autres cultures, c'est un fléau.

Au lieu d'une ou deux pièces de terre à sa portée, le cultivateur en a vingt, trente, disséminées sur tout le territoire de la commune, à droite, à gauche, au nord, au midi ; que de disputes, de procès, d'argent et de temps perdus pour des raies de champs volées, pour des passages à travers les parcelles des voisins ! En 1834, 491 797 affaires ont été portées au jugement des tribunaux de justice de paix ; en 1846, le nombre s'est élevé à 636 978.

Le cultivateur perd son temps à courir d'une

parcelle à une autre chaque fois qu'il faut labourer, piocher, conduire des engrais, semer, sarcler, récolter. Que de temps perdu lorsqu'il faut tourner à l'extrémité d'un sillon trop court! Que de semences perdues le long de champs si étroits! Le nombre des animaux employés à la culture qui ne rapportent rien, et enlèvent, au contraire, pour leur nourriture, une partie du produit de la terre, est ainsi beaucoup plus considérable qu'il ne devrait l'être. Les animaux improductifs se multiplient aux dépens des hommes.

Avec de petits champs disséminés, enchevêtrés et enclavés, dans un pays où la vaine pâture existe, il est impossible de tenter des améliorations parce que la dent affamée des moutons de la bergerie détruirait sans cesse vos récoltes nouvelles, parce que vous seriez en butte à l'animadversion générale. Tout est frappé d'immobilité.

Il est un principe qui domine toute l'agriculture ; sauf quelques coins de terre privilégiés, la terre a besoin pour être féconde d'engrais abondants ; le proverbe populaire, *point de fumier, point de blé*, est en général exactement vrai, seulement on doit l'étendre et dire : sans engrais point de récoltes abondantes en pommes de terre, en graines oléagineuses, en lin, en chanvre, en plantes commerciales et même en vin.

Or, il n'y a qu'un seul moyen d'obtenir des engrais en abondance, c'est d'avoir beaucoup de bétail ; c'est donc le bétail qui fait venir le blé, qui donne les moyens de substituer la culture du blé à celle du seigle, et qui accroît, en définitive, la quantité et la qualité de toutes les récoltes. Et par un admirable bonheur, ces animaux qui servent à faire venir toutes les plantes utiles à l'homme, sont ensuite par eux-mêmes la plus grande richesse du pays.

Tout en eux est utile.

Leurs poils servent à faire la bourre nécessaire à plusieurs usages; leurs cartilages se convertissent en huile, leurs os brûlés raffinent le sucre et sont ensuite un puissant engrais pour toutes sortes de récoltes; leurs suifs servent à faire de la chandelle et même de la bougie; sans leurs cuirs, on n'aurait ni harnais, ni tabliers indispensables dans une foule de métiers, ni souliers, ni bottes, ni voitures couvertes;

Sans les troupeaux de brebis, point d'habits de laine, si précieux pendant la saison froide et humide;

Enfin, les bêtes bovines et ovines sont la nourriture la plus agréable et la plus substantielle de l'homme; elles sont en outre le grand préservatif contre la disette causée par l'insuffisance d'une ou deux récoltes de céréales.

Presque toutes les manufactures ne font que manipuler et transformer en vêtements ou autres choses utiles à l'homme les dépouilles des animaux.

On peut dire, avec certitude de ne pas se tromper : sans bestiaux, misère et barbarie; plus un pays nourrit de bestiaux, plus il est riche, plus il y a de bien-être général.

Le morcellement du sol par petites parcelles est essentiellement contraire à l'élève et à la nourriture des bestiaux.

Les créations de prairies naturelles, les irrigations qui doublent, triplent le produit, les clôtures qui permettent de laisser les animaux en liberté jour et nuit et de les élever à bon marché sont impossibles, et ceci explique comment la France ne peut pas trouver sur son territoire les chevaux nécessaires à la remonte de sa cavalerie.

Les prairies artificielles semées dans de petits champs, enclavés chez les voisins, sont exposées à être mangées par les moutons et les bestiaux de la vaine pâture ; il faut lutter sans cesse pour les défendre.

Un autre obstacle, c'est le défaut d'aisance du petit cultivateur. Lors même qu'il pourrait augmenter la quantité de ses fourrages, il aurait à pourvoir à une autre nécessité ; il devrait agrandir ses bâtiments, pour mettre à couvert ses fourrages plus abondants et ses animaux plus nombreux. Mais s'il n'a pas d'argent, comment construire ?

Il résulte de cet état de choses que, dans une multitude de villages, le nombre des bestiaux reste à peu près stationnaire et par cela même les produits de toute espèce le sont également. Dans plus d'une localité, l'élève des moutons, si précieux pour les progrès de l'agriculture, devient même de plus en plus difficile, voilà pourquoi l'importation des laines va toujours en croissant. Le paysan français, stimulé par la passion de la propriété, se livre bien à un travail excessif, au-dessus de ses forces, mais souvent il s'agite dans son impuissance sans avancer, et les progrès de l'agriculture sont nuls ou très-lents. Le sol est l'instrument du travail de l'agriculteur ; par le morcellement, il est à moitié brisé dans ses mains.

§ 4. — Des projets pour rendre l'agriculture française plus prospère.

Cette infériorité de l'agriculture française commence à inquiéter la nation, le gouvernement s'en préoccupe, on soupçonne enfin que le bien-être des masses, la prospérité de l'industrie et du commerce, l'extension de la marine, la sécurité publique, la puissance et la grandeur de l'État pourraient bien dépendre d'une agriculture prospère ; on voudrait faire quelque chose, mais tous les efforts du gouvernement pour les progrès de l'agriculture sont inefficaces ou funestes.

Le gouvernement veut favoriser l'élève des chevaux par l'administration des haras, qui embrasse toute la France ; cette administration coûte aux contribuables plus de 2 millions et demi par an, et ne produit presque rien de bon ; les étalons sont souvent mal choisis, mal soignés ; on les envoie sans discernement dans des pays où ils ne conviennent pas ; ils détruisent les races indigènes et n'en créent pas d'autres.

Les vacheries-modèles, les bergeries-modèles, les fermes-écoles, les instituts agricoles fondés par l'État, dirigés par le gouvernement, enfants chétifs ou mort-nés de la centralisation, n'ont produit et ne produiront que des charges pour les contribuables et des places pour l'état-major des blessés ou des désœuvrés de l'agriculture.

Le paysan possède la majorité du sol cultivé en France; il n'y aura donc aucun progrès considérable si lui-même n'entre pas dans la voie du progrès. Mais il est essentiellement défiant, et non sans raison; il ne croit pas aux livres, aux discours; il se moque des messieurs de la ville, qui prétendent lui enseigner son métier; il n'a nulle confiance aux belles récoltes obtenues dans les établissements de l'État avec l'argent du public, et qu'il suppose toujours devoir coûter plus qu'elles ne valent.

Il n'est qu'un seul moyen efficace pour propager les méthodes nouvelles et faire progresser l'agriculture, c'est l'exemple. Il faut trois, quatre, cinq années d'une expérience heureuse faite par un particulier et à ses frais, pour que le paysan se décide à tenter du nouveau; il n'est convaincu que par les faits. Et qu'on ne croie pas qu'une innovation heureuse adoptée dans un village se propagera rapidement dans un canton, dans un arrondissement; le paysan dira toujours : Cela réussit bien ici, mais ne réussirait pas chez nous, la terre, le climat ne sont pas les mêmes, et il faudra que dans son village il ait sous ses yeux l'exemple du succès répété plusieurs années de suite pour qu'il se décide à imiter enfin.

Dans les localités où il n'y a point de propriétaires ou de fermiers assez intelligents et assez riches pour tenter des expériences et les faire réussir, l'agriculture reste stationnaire ou ses progrès très-lents ne sont dus qu'à un travail excessif.

Dans tous les cas, lors même que les paysans cultivateurs seraient tous assez instruits pour comprendre et assez convaincus pour exécuter toutes les améliorations agricoles, les progrès ne pourraient pas dépasser une certaine limite, le morcellement serait un obstacle invincible. Que peut un habile ouvrier lorsqu'il n'a que de mauvais outils? Vous conseillez à un homme qui peut à peine acheter du pain de bâtir une belle maison, à un paralytique de marcher et de courir!

La plaie est profonde, mais personne n'ose la sonder, on ne veut pas même la voir. Oubliant que les progrès agricoles sont à peu près impossibles sans stabilité, et sans avenir, on trouve que la division du sol n'est pas assez grande, on veut encore le mobiliser davantage; on augmente sans cesse les charges du propriétaire et de l'agriculteur; on gémit bien sur le paupérisme qui s'accroît, et on voudrait, de la meilleure foi du monde, prendre des mesures qui l'augmenteraient encore.

Je me trompe cependant; il est plus d'une personne, et des savants même et des correspondants de l'Institut, qui, frappés des inconvénients du morcellement et rêvant une égalité parfaite entre les hommes, veulent rendre l'État propriétaire de tout le sol français, le gouvernement le ferait cultiver scientifiquement, par des ingénieurs cultivateurs formés dans ses instituts et ses écoles, et donnerait à chacun sa part des produits.

Par ce beau système, l'émulation serait anéantie, le travail frappé au cœur; l'État seul propriétaire, ce serait l'esclavage! L'esclave travaillerait aussi

peu que possible ; les produits, bien loin d'augmenter, diminueraient ; la misère, la famine éta-
bliraient bientôt sur tous leur inflexible niveau, et
abrutiraient la population.

C'est le sentiment énergique de la propriété héréditaire et individuelle, c'est l'espérance de l'acquérir et de l'accroître, et la certitude de jouir et
de faire jouir les siens du fruit de son travail, qui
fertilisent la terre ; le communisme la stériliserait ;
le remède serait pire que le mal, il tuerait le
malade.

§ 5. — HYPOTHÈSE.

Si depuis trente-quatre années de paix le système
qui de plus en plus absorbe dans l'État l'activité
des individus et des localités avait fait place à un
système contraire,

Si les grands et moyens propriétaires fonciers
et la plupart des fonctionnaires au lieu de quitter
leurs domaines et leurs pays étaient restés chez
eux, consacrant leur activité et leur intelligence au
soin de leurs champs et de leurs affaires et au développement du bien public dans leurs localités,

Si tant d'efforts et de capitaux perdus à créer
des industries factices élevées en serre chaude, à
l'aide de droits protecteurs et prohibitifs avaient
été employés à la grande et féconde industrie
du sol,

Si les 50 milliards au moins qui ont été dé-
pensés depuis trente-quatre ans en acquisitions
d'immeubles et en payements de droits de muta-

tion avaient été consacrés à des travaux féconds sur la terre elle-même, à des améliorations productives sur toutes les parties du territoire,

La France n'aurait-elle pas 45 à 50 millions d'habitants, mieux nourris, plus robustes, plus dignes, plus moraux, plus unis que les 35 millions et demi qu'elle possède aujourd'hui et dont la plupart végètent dans une agitation stérile, ou ne sont que des mendiants avec menaces en habits, en vestes ou en blouses ? Notre pays ne serait-il pas le plus riche, le plus calme, le plus puissant de tous les États de l'Europe ?

CHAPITRE V.

DES CAUSES DE L'AFFAIBLISSEMENT PHYSIQUE DE LA RACE FRANÇAISE.

Les grandes guerres de la révolution et de l'empire, qui de 1792 à 1815 avaient enlevé et presque anéanti l'élite de la jeunesse française, qui n'avaient laissé dans leurs foyers, pour perpétuer la population, que les hommes impropres au service par leur chétive constitution et leurs infirmités, ont eu pour résultat d'affaiblir, d'étioler la race française.

On pouvait espérer au moins que la paix et le bien-être qui l'accompagne amélioreraient ce triste état de choses, que la santé de la jeunesse deviendrait meilleure et sa force plus grande; c'est le contraire qui est arrivé, et le nombre des infirmes a augmenté.

Pour que les races deviennent plus grandes et plus robustes, il faut des mœurs pures, une nourriture abondante et saine, un travail qui fortifie les hommes, et qui ne les étiole pas.

L'élite de la jeunesse française, enlevée chaque année par le recrutement, non-seulement ne fonde pas de familles nouvelles pendant sept ans, tandis que les infirmes exemptés peuvent le faire en toute liberté, mais elle contracte souvent dans les garnisons militaires de ces maladies qui altèrent la vie dans sa source. D'un robuste campagnard aux mœurs pures, la garnison fait souvent un homme usé, qui, revenu dans ses foyers, se marie, et donne à ses enfants une santé chétive.

L'accroissement des grandes villes, et notamment de Paris, le développement immense du système industriel, l'agglomération des ouvriers dans les grands travaux publics, l'affaiblissement de la foi religieuse sont loin d'être favorables à la pureté des mœurs.

Dans les pays de fabriques et d'agglomération d'ouvriers, un travail sédentaire et abrutissant, la débauche précoce ont tellement dégradé les races que c'est à peine si chaque année on peut trouver le nombre d'hommes valides nécessaire au recrutement.

Les populations rurales sont plus robustes, mais le nombre des ouvriers livrés aux travaux de la campagne comparé aux personnes d'autres professions tend à diminuer (H), ensuite ces populations rurales ne s'améliorent pas. La passion du paysan français pour la terre a sans doute de grands avantages, mais elle a aussi ses inconvénients. Pour trouver les moyens de payer le champ qu'il vient d'acquérir, d'en acheter un autre, sa grande, son unique ressource, c'est un travail excessif de lui, de sa femme, de ses enfants, et une extrême économie. La plupart économisent sur tout, même sur leur nourriture ; combien récoltent du blé et ne mangent que du seigle et de l'orge ? combien se croiraient ruinés s'ils mangeaient une partie de la viande de leur veau, du bœuf qu'ils engraissent! le paysan propriétaire vit souvent plus mal et se donne plus de peine que le simple manœuvre. D'un autre côté, dans les campagnes où le sol est possédé entièrement par les paysans et où la religion n'exerce que peu ou point d'empire, il se forme une aristocratie des plus riches, dure, avare, n'occupant presque jamais les manœuvres, et à côté d'elle une misère sans consolation et sans secours.

Enfin la grande masse du peuple français est mal nourrie d'aliments inférieurs, et sa sobriété, ainsi que nous l'avons démontré plus haut, est toujours voisine de la faim.

Dans les classes aisées ou riches une autre cause d'abâtardissement agit constamment. Avec un grand désir de paraître, avec les nécessités du luxe, les fortunes sont de plus en plus insuffisantes. Dans les mariages on ne cherche plus que l'argent; la sympathie, la passion n'y sont pour rien, on épouse la dot et non la personne. La jeune fille boiteuse, chétive, poitrinaire, scrofuleuse trouvera vingt prétendants si elle est riche.

Les jeunes gens de famille, qui vont dans les grandes villes suivre les écoles en sortant des colléges, s'occupent souvent de toute autre chose que de leurs études, et contractent comme les soldats en garnison des maladies qui altèrent la vie dans sa source.

Les races autrefois d'élite se perpétuent en s'étiolant.

Toutes ces causes réunies diminuent la beauté

et la force de la race française. Voilà pourquoi il faut prendre des soldats qui ont presque la taille de nains, et cela sans guerre générale, après trente-quatre ans de paix ; voilà pourquoi sur cent jeunes gens de vingt ans, cinquante sont impropres au service pour défaut de taille ou infirmités.

CHAPITRE VI.

§ 1.

L'état de la France, son avenir, sont partout
le sujet de conversations et d'appréciations diverses; les uns espèrent un ciel serein après la
tempête, les autres désespèrent de la France; le
plus grand nombre doute et flotte entre l'espérance et le découragement.

Un homme d'esprit, un penseur, mais toujours
disposé à voir les choses du côté le plus triste, et
qui trouve une certaine jouissance à expliquer les
causes qui lui font désespérer de l'avenir de la
France, me disait un jour :

« Il s'est passé, depuis soixante ans, et surtout
depuis trente ans, un grand changement dans l'état
de la propriété en France, et ce changement doit
en amener d'autres très-profonds dans les lois et
dans la marche de la société elle-même.

« Vous constatez par des documents authen-
tiques que la classe qui vivait du revenu de ses
immeubles en a vendu successivement une portion
considérable en détail; cette classe qui se ruine en
définitive, puisqu'elle vend ses domaines pour
payer ses dettes ou pour avoir un revenu plus fort,
perdu souvent ensuite avec le capital, est obligée

de mendier des places, de chercher à vivre aux frais du public, double cause d'avilissement des caractères, de ruine pour la fortune publique et de révolutions nouvelles.

« Le paysan (et ici l'on ne doit pas croire que je prenne dans un mauvais sens ce mot qui désigne la classe la plus utile, puisqu'elle nous fait tous vivre, et celle qui, à tout prendre, est peut-être la meilleure de la société française), le paysan est devenu dans une foule de localités propriétaire exclusif du sol, au moins des terrains cultivés, et, si l'impulsion donnée continue, il finira par être propriétaire de tout le sol de la France. Une remarque qu'on a toujours faite, c'est que les propriétaires du sol ont nécessairement une immense influence sur la société, et comme les paysans auront le double avantage de la propriété et du nombre, ils feront sentir leur prépondérance, c'est infaillible. Cette classe ne sera-t-elle pas bientôt en hostilité avec ces fonctionnaires si nombreux et ces rentiers de l'État, qui absorbent le produit de tant d'impôts accablants, dont elle paye une si large part, avec les prêteurs d'argent et les vendeurs d'immeubles, à qui elle doit desservir des intérêts pour tant de centaines de millions? Une partie considérable de cette classe si nombreuse est-elle assez morale, assez religieuse, assez éclairée sur ses véritables intérêts et sur ceux de la société entière, pour voir avec indignation le retour des ventes de biens nationaux confisqués, qu'elle pourrait acheter à vil prix, et le retour des assignats qui la débarrasseraient ainsi d'un seul coup de ses dettes ?

« Allons même plus loin, le grand propriétaire foncier, isolé au milieu d'une foule de petits propriétaires cultivateurs, ne leur paraîtra-t-il pas bientôt un privilégié insultant à leur médiocrité, faisant obstacle à leur prospérité, et ne voudront-ils pas partager ce gros domaine qui excite leur envie et leur convoitise? Les idées communistes, contre les prévisions générales, n'ont-elles pas fait au moins autant de progrès dans les pays où le sol est très-divisé que dans les pays où il l'est peu?

« Autre considération : le luxe depuis longtemps allait sans cesse en croissant au moment où les fortunes des classes riches ou aisées diminuaient; évidemment la plupart des familles se ruinaient. Ce luxe pourra-t-il se soutenir? non sans doute. D'ailleurs le régime républicain démocratique est peu favorable au développement du luxe, et toutes les lois, même sans le vouloir, toutes les idées dominantes, toutes les craintes, toutes les jalousies tendront à le diminuer. Que deviendra alors cette masse d'ouvriers des villes qui ne vivent que de luxe, qui ne font que des ouvrages de luxe? que deviendront les artistes?

« Le paysan a-t-il besoin d'ouvrages de luxe, de meubles de luxe? a-t-il besoin d'employer l'ouvrier des villes? pas le moins du monde; il peut trouver presque tout ce qu'il lui faut dans son village.

« La tendance irrésistible des idées et la puissance du nombre ne consacrent-elles pas la ruine de ces villes alimentées aujourd'hui par des fermages ou des intérêts payés par les campagnes, aux propriétaires riches, aux capitalistes ou rentiers qui habitent ces villes?

« L'État se chargera-t-il d'empêcher leur décadence et leur misère? Mais avec l'influence prépondérante du peuple des campagnes, imagine-t-on qu'il sera facile de prélever par l'impôt sur leurs revenus des sommes énormes pour faire ce que font actuellement les gens riches, pour entretenir des artistes, pour acheter au compte de l'État des objets, des meubles de luxe, pour construire des monuments nationaux inutiles, et donner au peuple des grandes villes du pain et des cirques comme à la plèbe romaine ?

« Cet antagonisme des différentes classes de la société sera augmenté par la misère.

« Une partie de la population française étouffe. Les désirs et les besoins ont augmenté plus rapidement que les moyens de les satisfaire.

« A l'exception de l'agriculture, cette mère nourricière qu'on a trop souvent méconnue et abandonnée, toutes les carrières sont encombrées. Il y a pour ainsi dire plus de médecins que de malades, plus d'avocats que de clients, plus d'architectes que de maisons à construire, plus de marchands que d'acheteurs ; vingt mille personnes demandent des places pour un seul chemin de fer ; une foule d'ouvriers manquent d'ouvrage. A cette société, qui ne rêve que le bien-être, à qui on l'a promis, on a donné le suffrage universel ; les masses, maîtresses du pouvoir, s'imaginent qu'elles pourront améliorer leur sort par la loi, par la force, mais les lois sont impuissantes à créer la richesse, et l'accroissement de la richesse peut seul cependant accroître le bien-être et diminuer la misère.

« Avec les idées qui dominent aujourd'hui la société française, toutes les lois faites dans l'intérêt prétendu des classes pauvres ont pour effet d'augmenter les impôts, et par suite la misère, de substituer plus ou moins la prévoyance de l'État à celle des individus et des familles, de diminuer par conséquent le travail et les produits en diminuant la crainte de tomber dans la détresse par sa paresse et son inconduite.

« Avec un travail moins grand et des produits moins considérables, la misère ne peut qu'augmenter[1]. D'un autre côté, la confiance dans la sta-

---

[1] Je lis dans une petite brochure intitulée *la Politique du pot au feu* et qui était destinée à mes voisins campagnards : Un grand homme, quoiqu'il fût roi, disait un jour : *Celui qui ferait pousser deux épis de blé au lieu d'un, rendrait plus de service à l'État que tous les philosophes et les bavards de mon royaume.*

Dans ce moment on promet à tous les ouvriers monts et merveilles ; chacun aura

> Tout ce qu'il veut,
> Bon souper, bon gîte et le reste.

Comment réaliser ce beau rêve tant qu'on n'aura pas augmenté considérablement la quantité des choses nécessaires aux bons soupers et aux bons gîtes? tant qu'on ne fera que remplir les oreilles et vider les poches des contribuables?

Il y en a qui disent : Prenez aux riches et on aura toutes choses à gogo.

Pour vingt-quatre heures et pour quelques-uns, je le conçois, mais pour une semaine et pour tous, c'est autre chose.

Et d'abord qu'est-ce qu'un riche? Souvent un homme ruiné ou qui se ruine au profit des travailleurs; tout ce qui reluit n'est pas or.

Dans tous les cas est-ce que les riches déjeunent trois fois et

bilité inviolable de la propriété particulière a été profondément ébranlée ; et cependant c'est cette

dînent quatre fois par jour ? Est-ce que comme le paillasse de la foire ils se mettent sur le corps quatre habits et dix gilets ? Eh ! mon Dieu ! ils ne mangent pas plus que leurs ouvriers ; j'en connais même qui ont des estomacs bien chétifs en comparaison de ceux de robustes travailleurs.

D'un autre côté, est-ce que les riches s'amusent à jeter leurs blés à la rivière, à enterrer leurs bestiaux tout vifs, à gâter ou à brûler les étoffes qu'ils font fabriquer ou qu'ils achètent ? ils ne sont pas si sots : tout ce qui est bon à manger se mange parfaitement, tout ce qui est utile à l'homme est utilisé. S'il en est ainsi, tant qu'on n'aura pas augmenté la quantité de ces bonnes choses on n'aura rien fait ou à peu près.

Qu'on mette un bourgeois au pain et à l'eau, qu'on lui prenne ses habits, croit-on que les centaines de personnes, ses voisins, qui ne sont pas riches, et qui se partageraient son dîner et ses habits, en seraient bien mieux nourries et bien mieux vêtues ? Chacun n'aurait pas seulement une demi-bouchée par semaine du poulet de son dîner et un morceau large comme la main de la basque de son habit. On aurait fait d'un riche un pauvre, mais on n'aurait enrichi personne ; bien au contraire, car s'il n'y a plus de riches, que deviendront les ouvriers occupés actuellement à faire des objets qui ne conviennent qu'aux riches ?

La production plus abondante des choses nécessaires et utiles est indispensable pour diminuer la misère, et ce n'est pas en bayant aux corneilles qu'on augmentera cette production.

On semble dire aux travailleurs : *Vous aurez tous des poulardes rôties à votre dîner.* Ce serait très-bien, mais comme toutes les poulardes qu'on engraisse aujourd'hui en France sont très-exactement mangées, tant qu'on n'en augmentera pas le nombre il sera bien impossible que tout le monde en mange. Je dirais à plus d'une personne : *Faites donc des poulardes, si vous pouvez, au lieu de discours, il y aura pour le peuple double profit,* mais pour faire des poulardes ne tuez pas les poules aux œufs d'or · *la propriété et le travail.*

confiance seule qui produit les grands et admirables travaux des peuples civilisés et accroît par conséquent leurs richesses. Aujourd'hui on ne fait que les travaux urgents et indispensables, mais tous ceux qui, pour trouver leur rémunération, exigent un temps un peu considérable, restent suspendus. Comment l'armateur enverrait-il des vaisseaux dans des mers lointaines lorsqu'il peut craindre demain la spoliation? Comment l'agriculteur entreprendrait-il une longue amélioration agricole dont le bénéfice est éloigné, lorsqu'il craint que son champ ne soit enlevé à lui ou à ses enfants? Pourquoi travailler à s'enrichir si la richesse peut être un titre de proscription? Alors la vie d'un grand peuple s'arrête, la misère grandit et on arrivera par le désespoir au pillage, au massacre. La société n'est-elle pas menacée de luttes continuelles et sanglantes, d'une misère croissante, et enfin d'une barbarie complète.

« Ces craintes sont exagérées, me dites-vous; admettons-le un moment, mais au moins vous ne pouvez méconnaître que la France marche évidemment à un état de choses où il n'y aura plus d'existences indépendantes, où chaque particulier sans fortune ou avec une fortune très-médiocre, peu capable de comprendre et de pratiquer des vertus publiques, dominé souvent par des idées étroites et envieuses, concentrant ses facultés dans l'accroissement de sa petite fortune et de son petit commerce, sera isolé et tremblant en présence d'un gouvernement central seul riche, seul puissant, maître d'une nation de fonctionnaires, d'affamés et de valets déguisés en citoyens. Ce gouvernement sera-t-il monarchique ou républicain ? peu importe, il sera à coup sûr despotique, et despotique sans grandeur et sans stabilité.

« Où trouverait-il des éléments de stabilité ? les fondations de l'édifice seront placées sur un sable mouvant que les ouragans populaires pourront soulever et disperser à chaque instant.

« Vous me dites qu'il trouvera son point d'appui dans l'armée. Une armée ne pouvant exister sans hiérarchie, sans discipline et sans obéissance, présentera sans doute un point d'appui obligé, une force d'autant plus grande que toutes les autres auront disparu.

« D'ailleurs la France sera longtemps encore une nation guerrière ; elle est accoutumée à une armée nombreuse, et quoique l'exemple du passé ne doive pas inspirer grande confiance dans la durée des institutions que l'on proclame éternelles à chaque révolution, le gouvernement quel qu'il soit voudra toujours avoir sous sa main une puissante armée pour se maintenir ; il croira ainsi se donner une stabilité que l'armée cependant ébranle par les charges qu'elle impose au peuple.

« Mais dans une société de plus en plus matérialiste, où les orages de la démocratie et les saturnales de la démagogie affaiblissent le sentiment, la passion de la liberté, et disposent les esprits à ne voir de salut que dans la force organisée ; l'armée, dont la plupart des officiers n'auront de plus en plus pour toute fortune que leur épée, sentira qu'elle peut disposer à son gré de la France et elle en disposera. De nouvelles légions romaines, de nouvelles cohortes prétoriennes donneront et arracheront l'empire et on passera alternativement de l'anarchie au despotisme, et du despotisme à l'anarchie, jusqu'à ce que la France se perde dans la conquête.

« Vous me dites que la France est arrivée à un trop haut degré de civilisation pour tomber dans cette décadence.

« Mais combien de nations ont péri après avoir eu leur période éclatante de haute civilisation!

« N'admirons-nous pas encore les débris des monuments gigantesques et des arts admirables de ces nations éteintes qui avaient jeté un si grand éclat en Égypte, en Asie et en Europe?

« Les nations sont vigoureuses par le cœur et non par l'esprit, par les croyances et non par les lumières; la civilisation peut s'allier avec la pourriture. Lorsque dans une nation le grand nombre croit que c'est duperie de ne pas jouir de la vie et qu'après la mort il n'y a plus rien, la grandeur et la décadence peuvent se toucher.

« Je crois, dit Montesquieu, que la secte d'Épi-
« cure qui s'introduisit à Rome sur la fin de la
« République contribua beaucoup à gâter le cœur
« et l'esprit des Romains. Les Grecs en avaient été
« infatués avant eux, aussi avaient-ils été plus tôt
« corrompus. Cynéas en ayant discouru à la table
« de Pyrrhus, Fabricius souhaita que les ennemis
« de Rome pussent tous prendre les principes d'une
« pareille secte. »

« La France n'est-elle pas corrompue comme la Grèce des sophistes et la Rome des empereurs?

« La littérature est l'expression de la société. La littérature devient métier et marchandise. Nos théâtres sont souvent une école publique de mauvaises mœurs, et un outrage public à la décence? Que lit-on en France? des feuilletons, des romans qui tournent en ridicule ou vouent à la haine toutes les institutions anciennes, les croyances les plus sacrées, qui peignent le vice comme une nécessité de notre nature et la vertu comme une niaiserie. La plupart de ces ouvrages se plaisent à décrire les mœurs les plus abjectes, la hideuse démoralisation des repris de justice et des prostituées : c'est une littérature des bagnes. Les ouvrages qui ont la prétention d'être sérieux sont presque tous une critique amère, frénétique de la société, et les systèmes qui voudraient la détruire complétement et la transformer, se produisent à l'infini et jettent partout le doute, le découragement ou les espérances les plus extravagantes.

« Tous ces systèmes n'ont qu'un but; le bien-être matériel, les jouissances matérielles; leurs auteurs ne s'adressent pas aux côtés grands, généreux du cœur humain, mais aux passions d'envie et de haine et aux appétits grossiers. On n'élève pas l'homme au-dessus de lui-même, on le ravale au niveau des brutes. L'égoïsme et la bassesse s'étendent comme une lèpre hideuse qui ronge le corps social; partout abaissement des caractères et défaillance des âmes. La France n'est-elle pas dans la position où étaient les nations qui devaient bientôt se perdre dans la conquête?

« La France ressemble à la République d'Athènes

après le siècle de Périclès. Athènes avait eu la gloire de résister à presque toute la Grèce; elle venait de s'illustrer par ses plus beaux monuments, d'applaudir à ses plus beaux génies; jamais elle n'avait eu plus de philosophes, plus de rhéteurs, plus de savants, plus de grands artistes; elle en fournissait à toute l'Italie, à tous les peuples. Elle passait pour la nation la plus brave, la plus polie, la plus spirituelle du monde; sa durée semblait aussi immortelle que sa gloire; mais les mœurs s'étaient corrompues, l'avidité chez les citoyens avait remplacé le dévouement, la démocratie se livrait à ses caprices, à ses jalousies, à son égoïsme, on voulait jouir; cette société était pourrie, la mort devait bientôt venir.

« Se rassurerait-on pour la France, en disant qu'il n'existe point de peuple en Europe capable de la conquérir et de l'effacer de la liste des nations? Mais si la puissance de la France s'accroît si lentement, tandis que celle de ses rivaux s'accroît si rapidement, si l'équilibre des forces continue à se déplacer au préjudice de la France, et au bénéfice de ses rivaux, pourra-t-on soutenir que la conquête à un jour fatal n'est pas possible ?

« Ne pourrions-nous pas d'ailleurs rappeler ces mots prophétiques du livre si remarquable du dernier ministre des affaires étrangères ? (M. de Tocqueville.)

« Il y a aujourd'hui sur la terre deux grands
« peuples qui, partis de points différents, semblent
« s'avancer vers le même but, ce sont les Russes
« et les Anglo-Américains.

« Tous les autres peuples paraissent avoir atteint
« à peu près les limites qu'a tracées la nature et
« n'avoir plus qu'à conserver; mais eux sont en
« croissance; tous les autres sont arrêtés ou n'a-
« vancent qu'avec mille efforts; eux seuls marchent
« d'un pas aisé et rapide dans une carrière dont
« l'œil ne saurait apercevoir encore la borne.

« Leur point de départ est différent, leurs voies
« sont diverses, néanmoins chacun d'eux semble
« appelé par un dessein secret de la Providence à
« tenir un jour dans ses mains les destinées de la
« moitié du monde. »

« M. de Tocqueville aurait pu ajouter qu'il est
aussi à l'autre bout de l'Europe un peuple qui se
développe avec une vigueur extraordinaire, qui
trouve dans la force de ses institutions et l'é-
nergie de sa race des moyens puissants pour do-
miner une grande partie du monde, et qui semble
réunir en lui les causes de la grandeur de Rome
et de Carthage.

« Au siècle d'Auguste, et sous ses premiers suc-
cesseurs, le Romain qui aurait annoncé l'invasion
des Barbares et la chute de l'empire aurait passé
pour un esprit malade, et cependant il n'aurait pas
été un prophète menteur.

« Rome n'avait jamais vu de plus grands capi-
taines, de plus grands poëtes, de plus grands his-
toriens, de plus beaux génies ; Rome couvrait
l'Italie et le monde de ses monuments qui devaient
attester à jamais sa puissance et sa gloire ; Rome
avait conquis l'univers connu, elle voyait avec mé-
pris dans le lointain, dans les déserts, quelques

hordes de Barbares qu'elle laissait végéter au delà de ses grands fleuves; Rome semblait éternelle, et cependant la mort était déjà dans son sein.

Les Barbares d'Attila, de Clovis, de Genséric n'étaient pas plus braves cependant, n'étaient pas plus puissants que les Cimbres, les Teutons, les Germains vaincus par Marius ou par César, mais l'empire romain, malgré ses lumières, ses lois admirables, son organisation militaire si forte et si savante, sa puissante centralisation s'était affaissé sous ses vices, et les Barbares vinrent se ruer sur son cadavre.

« A la fin du siècle dernier, n'avons-nous pas vu une grande nation, la Pologne au courage chevaleresque, qui dans les siècles précédents avait jeté un si grand éclat, ne l'avons-nous pas vue succomber sous ses vices, ses haines intestines, ses partis stupides, la mobilité impuissante de son gouvernement, et malgré son courage resté aussi grand que du temps des Jagellons et des Sobieski, partagée toute vivante par le Russe, vaincu autrefois par elle dans sa capitale, par le Prussien son ancien sujet, par l'Autrichien qu'elle avait sauvé du joug des musulmans et de la barbarie?

« La France suit la même marche que la Pologne : qu'elle tremble qu'un héros français ne dise aussi, comme le héros polonais, après de glorieux mais impuissants efforts : *Finis Franciæ.* »

§ 2.

En écoutant ces paroles sinistres, j'avais dans l'âme une tristesse profonde; mais je n'ai pas longtemps cédé à la faiblesse du découragement. Non, me suis-je dit, la France ne périra pas.

Il y a encore de si nobles qualités dans cette nation aux grands souvenirs ! tant de bienveillance, de charité, d'entraînement généreux, de courage guerrier, de bon sens, lorsqu'elle n'est pas aveuglée par les passions ! Elle possède encore tant de vertus ! Les villes maudites furent livrées à la destruction parce qu'il n'y avait pas un juste pour les sauver; mais que de justes encore en France pour désarmer la colère céleste et conjurer la ruine !

Sans doute, si l'on continue à marcher dans les voies funestes qui ont conduit la patrie sur le bord de l'abîme, la France y périra : mais une lueur sinistre a éclairé la profondeur du gouffre, et on aura la sagesse et le courage de reculer. La France ne voudra pas se suicider.

Après tant de siècles de fortunes diverses, mais toujours glorieuses, cette nation fera, pour échapper à la décadence et à la ruine, un grand effort sur elle-même.

Elle reniera ces institutions de monopole, de dilapidations et d'abrutissement, ces doctrines d'égoïsme et de mort, qui l'énervent, la ruinent et la tuent.

Et nous, que cette France a chargés de la représenter; nous tous qui avons au cœur l'amour vrai de la patrie, sa grandeur et sa gloire, l'amour vrai de l'humanité, nous ne nous bornerons pas à pousser des gémissements inutiles, à faire des vœux, des phrases, de la stratégie parlementaire; nous ne commettrons pas le crime de la faiblesse et de l'inertie.

Pour moi, soldat obscur mais dévoué dans cette armée, peut-être la dernière, de l'ordre et du progrès véritable, je ne me bornerai pas, si ma voix est quelque peu écoutée, à signaler le mal ; mais j'indiquerai le remède.

J'ai déjà présenté à l'Assemblée nationale un projet sur l'organisation communale et départementale ; et je continuerai, autant que mes forces me le permettront, à suivre cette voie. Que tous les hommes de sens et de cœur cherchent, et ils trouveront. Qu'ils ne s'imaginent pas que le salut leur viendra d'un pouvoir supérieur et mystérieux sans qu'ils aient la peine de s'en occuper : leur salut, le salut de la France est en eux-mêmes :

AIDE-TOI , LE CIEL T'AIDERA.

FIN.

NOTES.

A , page 5.

SUR LA POPULATION.

PRUSSE.

Les recensements de 1816 portent la population à   10 169 899 h.

        de 1840   à   14 928 501

        de 1843   à   15 471 765

        de 1846   à   16 112 938

L'accroissement moyen de la population étant de 187 000 au moins par an , la Prusse devait avoir, au 1er janvier 1849 , plus de 16 millions et demi d'habitants.

AUTRICHE.

La population de l'empire d'Autriche s'élevait en 1840 , d'après un recensement officiel, à 36 950 401 individus, dont 18 202 631 hommes et 18 747 770 femmes. L'accroissement dans la période 1834-1840, tel qu'il a été constaté par les dénombrements de 1834, 1837 et 1840, a été de 902 660, soit 317 111 par an ou 0,85 par an. Il est de 0,90 par an, d'après l'excédant des naissances sur les décès qui s'élève à 332 000 en moyenne. (Extrait de l'ouvrage de Legoyt sur le mouvement de la population en Europe. *Journal des Économistes* , 1847, p. 172.)

L'accroissement de la population de 1840 à 1849 a dû continuer à peu près dans la même proportion, et, au 1er janvier dernier, la population de l'empire d'Autriche devait être de 39 millions au moins.

ANGLETERRE.

Recensements officiels du Royaume-Uni : 1801, 16 338 102 h.

		1811, 18 547 720
—	—	1821, 21 193 458
—	—	1831, 24 271 763
—	—	1844, 27 019 558

Sur ce chiffre total, l'Irlande avait :

En 1801, — 5 395 456 habitants.
En 1811, — 5 937 859
En 1821, — 6 801 827
En 1831, — 7 734 365
En 1841, — 8 175 124

D'après Mac Culloch, dans les dix années qui ont précédé le dernier recensement, qui est du 6 juin 1841, l'accroissement annuel était de 248 000 pour la Grande-Bretagne et de 42 500 pour l'Irlande. Il estime que cet accroissement a dû continuer au moins dans la même proportion, et qu'au 6 juin 1846 la population totale devait être de 28 470 558 ; en y ajoutant encore l'accroissement pendant deux ans et demi, la population de l'empire britannique devait être, au 1er janvier 1849, de 29 169 808 habitants. Ce qui confirme cette appréciation, c'est que l'excédant des naissances sur les décès a été dans l'Angleterre et le pays de Galles, seuls, d'après les registres officiels, de 921 240 dans les cinq années de 1842 à 1846, et il est même probable que le chiffre de la population au 1er janvier 1849 approchait plus de 30 que de 29 millions pour le Royaume-Uni.

RUSSIE.

D'après les rapports officiels et M. de Kœppen, de l'Académie impériale des sciences de Saint-Pétersbourg, en 1838, la population de la Russie proprement dite d'Europe et d'Asie, y compris les colonies militaires, s'élevait à 53 250 000 hab.

Celle du grand-duché de Finlande à 1 390 000

Des montagnards soumis et insoumis du

A reporter . . . . . 54 640 000 hab.

Report........ 54 640 000 hab.

Caucase compris dans les limites de l'empire, à   1 500 000

   De la Transcaucasie................. 2 000 000

   Des possessions d'Amérique du Nord.....   61 000

Total......... 58 201 000

Royaume de Pologne.................. 4 299 000

Total........ 62 500 000

Sur ces 62 500 000 habitants, 46 000 000 appartenaient à la religion grecque orthodoxe. D'après les tables du saint-synode, les naissances s'élevaient en moyenne à 2 097 781 par an, et les décès à 1 420 184, dans les années 1835, 1836, 1837, 1838 et 1839, l'accroissement de la population par l'excédant des naissances sur les décès a été en moyenne de 620 000 par an.

Dans les années 1823, 1824, 1825, 1826, 1827 et 1830 l'excédant des naissances sur les décès a été en moyenne de 565 902 par an d'après les mêmes tables.

Il est plus que probable que nous sommes au-dessous de la vérité en n'estimant l'excédant des naissances sur les décès de 1838 à 1848 qu'à 600 000 par an, soit 6 000 000 en dix ans. Il y aurait donc aujourd'hui 52 millions de Russes professant la religion grecque.

Si les 16 millions et demi d'habitants professant d'autres religions avaient, depuis 1838, augmenté dans la même proportion que les Russes orthodoxes, il faudrait ajouter plus de 2 millions d'habitants; mais supposons qu'ils n'aient augmenté leur population que moitié moins, soit 100 000 par an, au 1er janvier 1849, il devait y avoir dans l'empire russe 69 millions et demi d'habitants, et, en écartant les provinces du Caucase et au delà du Caucase, ainsi que les possessions d'Amérique, 65 à 66 millions d'habitants.

Une remarque doit être faite sur la mortalité des enfants en Russie. D'après les recherches de M. le docteur Lichtenstedt sur les tables du saint-synode, le nombre des naissances des enfants mâles a été dans les huit années de 1831 à 1838 inclusivement de............................... 7 997 429

   Les décès des personnes du sexe masculin..... 5 728 848

   Et, sur ce chiffre, le nombre des décès des enfants avant l'âge de cinq ans révolus a été de.... 2 995 462

Ainsi, en Russie, sur 100 enfants nouveau-nés plus de 50 meurent avant l'âge de cinq ans. Il est évident que tous les enfants d'une constitution faible doivent mourir, et qu'en considérant la généralité de la population, le nombre des hommes valides et dans la force de l'âge doit être beaucoup plus considérable en Russie que dans d'autres pays et notamment en France, où sur 100 décès il y a environ 30 enfants d'un à cinq ans.

Nous ferons encore une seconde observation : les recensements en Russie n'ont pas seulement pour but de connaître la population dans un intérêt scientifique, mais ils sont faits pour asseoir des impôts, et notamment l'impôt du recrutement ; les propriétaires sont donc intéressés à dissimuler plutôt qu'à exagérer le chiffre de la population ; d'ailleurs, dans un empire aussi vaste et dans certaines provinces si peu peuplées, les moyens d'investigations et de contrôle sont difficiles. La population totale de la Russie doit donc être probablement plus élevée que ne le disent les statistiques ; et ce qui tendrait à confirmer cette idée, c'est le nombre très-certain et si considérable des naissances d'après les tables du saint-synode rapproché du chiffre bien moins grand des décès.

CONFÉDÉRATION GERMANIQUE.

Lors de l'établissement de la Confédération germanique, on avait établi que chaque État devrait donner un contingent de troupes égal au centième de la population ; la population totale était estimée à la fin de 1817 à 30 624 392 habitants. D'après un tableau fait en 1848 afin de fixer de nouveaux contingents, la population estimée d'après les derniers recensements qui, pour la plupart des États, étaient de 1846 et pour quelques-uns d'années antérieures, le total de la population de la Confédération germanique s'élevait à 41 196 509. Ainsi, la population de la France au 1er janvier 1818 était au moins égale à celle de la Confédération germanique, et, 29 ans après, en 1846, la France au lieu d'avoir 41 millions d'habitants comme l'Allemagne, n'en a que 35 millions 400 mille.

L'accroissement de la France n'aura été que la moitié de celui de l'Allemagne et même un peu moins.

B, pages 14 et 101.

PRODUITS AGRICOLES DE MÊME NATURE, IMPORTÉS ET EXPORTÉS.

D'après les tableaux de la douane (commerce spécial), pages XXXIX et XLIII de l'année 1847, la France, dans les cinq années de 1842 à 1846 :

A IMPORTÉ Pour millions.	EN MOYENNE PAR AN	A EXPORTÉ Pour millions.
44,3	Céréales	10,2
·5,8·	Riz	
62,	Soies	7,0
44,2	Bois communs	4,6
43,5	Graines oléagineuses	2,8
43,0	Laines	0,4
30,2	Peaux brutes	0,9
25,2	Huile d'olive	1,9
30,7	Fils de lin et de chanvre	1,0
7,9	Lin	0,8
4,7	Chanvre	
8,6	Chevaux, mulets	
8,8	Bestiaux	10,6
6,7	Suif et saindoux	
5,9	Poils propres à la filature et à la chapellerie	1,4
371,5		41,6

Millions.

Balance... 371,5
41,6

Les importations excèdent
les exportations de..... 329,9 par an.

C, pages 18, 55, et 101.
REVENUS EN ANGLETERRE.

La *Revue des Deux-Mondes*, dans un article du 1er janvier 1849, de M. Cochut, sur l'impôt du revenu, s'exprime ainsi :

« La taxe (l'*income-tax*) n'atteint que les revenus supérieurs à 150 livres sterling, soit 3750 fr. Elle est fixée au maximum à 7 pence par livre de revenu net annuel, soit 2 fr 92 c. pour 100 fr.; un dégrèvement est admis en faveur de l'industrie rurale.

RÉPARTITION ET PRODUIT DE L'IMPOT SUR LE REVENU EN ANGLETERRE (*exercice* 1847).

	PROPORTION de la taxe.	ÉVALUATION des revenus imposés.	PRODUIT de la taxe.
	f. c.		
Iʳᵉ CLASSE.			
Revenu du proprié-taire foncier.			
Angleterre.......	2 92 pʳ cent.	2 586 000 000	58 417 150
Écosse.	id.	229 450 000	6 700 150
—		2 815 450 000	65 117 300
IIᵉ CLASSE.			
Bénéfice de l'exploi-tant, propriétaire ou fermier.			
Angleterre.......	1 46 pʳ cent.	515 800 000	7 530 725
Écosse..........	1 04 pʳ cent.	56 000 000	582 700
—		571 800 000	8 113 425
IIIᵉ CLASSE.			
Rentes sur l'État...	2 92 pʳ cent.	632 650 000	18 473 750
—			
IVᵉ CLASSE.			
Revenus industriels et profits divers.			
Angleterre.......	2 92 pʳ cent.	1 363 363 000	39 810 525
Écosse..........	id.	142 750 000	4 168 100
—		1 506 113 000	43 978 625
Vᵉ CLASSE.			
Revenus sur les fonc-tionnaires.			
Angleterre.......	2 92 pʳ cent.	76 210 000	8 065 350
Écosse..........	id.	10 749 000	311 775
		286 959 000	8 377 125

RÉCAPITULATION GÉNÉRALE.

CLASSES.	REVENUS imposables.	PRODUITS de la taxe.
1re	2 815 450 000	65 117 300
2^e	571 800 000	8 113 425
3^e	632 650 000	18 473 750
4^e	1 506 113 000	43 978 625
5^e	286 959 000	8 377 125
Totaux	5 812 972 000	144 060 225

« Il ressort de ce tableau qu'en Angleterre et en Écosse seulement les revenus au-dessus de 3750 fr. composent un total de 5 milliards 813 millions. Or, si les renseignements que nous prenons dans les statistiques anglaises sont exacts, le partage aurait lieu entre 500 mille parties prenantes au plus.

« La moyenne du revenu imposable serait donc de 12 000 fr.

« Prélever sur cette somme environ 350 fr., ce n'est pas tarir la source du bien-être. »

Mais il y a une erreur considérable dans le premier article de ce tableau. Le produit de la taxe sur le revenu du propriétaire foncier en Angleterre est bien de 2 336 686 livres sterling, soit 58 417 150 fr.; mais le revenu n'est pas de 2 586 000 000 fr., il est seulement de 2 000 587 328 fr. L'erreur principale provient sans doute de ce qu'on a transporté à la colonne des millions des chiffres qui auraient dû être mis à celle des mille.

Quoi qu'il en soit, le revenu de la première classe est en totalité de 2 230 037 328 fr., et le revenu des cinq classes de 5 227 559 328 fr.

Ces revenus énormes de l'agriculture anglaise paraîtront à bien des personnes fort extraordinaires et à peine croyables.

Quelques explications les feront comprendre et lèveront tous les doutes.

D'après la statistique officielle, la France avait en 1839

9 936 538 têtes de la race bovine,
32 151 430 têtes de la race ovine,
4 910 721 porcs.

Or, d'après la statistique de l'Angleterre de M. Moreau de Jonnès, en 1831, huit ans auparavant, le Royaume-Uni avait

16 821 000 bêtes bovines,
57 050 000 bêtes ovines,
7 100 000 porcs.

Mais cette énorme différence dans le nombre ne suffit pas pour connaître la différence dans la valeur. Les animaux en Angleterre sont bien plus forts qu'en France et produisent plus de viande et plus de laine.

D'après la statistique officielle la valeur des bêtes bovines, bêtes ovines et porcs s'élevait en France à. .   1 372 236 469ᶠ

D'après la statistique de M. Moreau de Jonnès, la valeur des mêmes animaux en Angleterre était en 1831 de. 5 601 500 000

Différence. 4 229 263 531ᶠ

Dans le Royaume-Uni, ces animaux dont 27 437 000 étaient abattus annuellement donnaient , viande de boucherie , 3 596 000 livres, valant en argent. 1 468 542 000ᶠ

Peaux et cuirs (25 887 000). 117 131 000
Graisse et suifs. 116 968 000
Autres produits. 57 600 000
Laines (46 000 000 toisons). 166 250 000
Beurre, 304 000 000 livres à 1 fr. 25 c. 380 000 000
Fromage, 220 500 000 livres à 75 c. 165 375 000
Lait en nature, 20 900 000 hectol. à 27 fr. 50 c.   575 000 000

Total du revenu annuel et brut de ces animaux   3 046 866 000ᶠ

Les animaux de même espèce en France produisent beaucoup moins ; ainsi la statistique officielle compte 13 618 727 animaux abattus, estime toute la viande consommée à 673 389 781 kilogrammes seulement, et sa valeur à 543 180 518ᶠ, c'est un peu plus du tiers de la consommation anglaise.

Mais cette statistique de 1831 ne donne pas une idée exacte des animaux de rente actuellement existants en Angleterre, leur nombre, leur poids a encore augmenté considérablement.

Avec une aussi grande quantité d'animaux, la masse des engrais est énorme, et par conséquent la culture des céréales doit être très-avancée et le rendement très-considérable.

M. Moreau de Jonnès estimait, de 1832 à 1834, la production annuelle en céréales pour le Royaume-Uni à

39 140 000 hectolitres de froment,		
3 806 300	»	de seigle,
38 500 000	»	d'orge,
74 850 000	»	d'avoine et fèves.

Total... 156 296 300

Tandis que la statistique de la France porte la production totale des céréales à 182 546 848 hectolitres dont 58 096 282 en froment et 9 897 624 en méteil, pour une étendue en culture bien plus considérable.

Mais cette estimation de M. Moreau de Jonnès, qui était déjà trop faible pour 1833 a été bien dépassée depuis.

M. Schnitzler, dans la statistique de la France, estime la récolte totale du Royaume-Uni, en froment ou méteil, à 60 millions d'hectolitres, tandis que dans le tableau de M. Moreau de Jonnès on n'en porte le nombre qu'à 39 140 000.

Lorsque l'on considère que la quantité distraite pour les semences en Angleterre est beaucoup moins considérable, puisque les champs en culture sont beaucoup moins étendus, on reconnaît que la production du froment est presque aussi forte dans le Royaume-Uni que dans la France.

Au reste, voici une preuve que les progrès de la richesse foncière en Angleterre sont immenses et que les estimations de M. Moreau de Jonnès sont loin d'être exagérées.

Il estimait le revenu net, en 1836, du sol, des maisons et des mines, c'est-à-dire de la propriété foncière
en Angleterre à......................... 1 482 921 650^f
en Écosse à........................... 211 930 000

Total... 1 694 851 650^f

Et il se trouve qu'en 1847 le revenu net des seuls propriétaires soumis à l'*income-tax* dans ces deux pays, constaté authentiquement par le produit de l'impôt, s'élève à 2 230 037 328^f.

Mac Culloch, dans la statistique de l'empire britannique, article *Agriculture*, s'exprime ainsi : « En 1796, l'Angleterre consommait 6 millions de quarters de blé dont une très-petite partie était importée; en estimant à 15 millions 200 mille quarters la récolte du blé dans le moment présent, en 1846, nous resterons certainement dans la vérité..... »

 Après avoir expliqué que pendant la guerre toutes les denrées avaient augmenté de prix parce qu'on se servait du papier-monnaie et que ces prix baissèrent beaucoup après la paix lorsqu'on paya en argent, Mac Culloch ajoute :

« En somme, la chute du prix du blé, si pesante pour les fermiers en 1814 et 1815, n'eut pas les effets désastreux qu'on pouvait craindre; elle fut bientôt surmontée et il y eut une amélioration extraordinaire dans l'agriculture depuis 1820. Autrement, comment pourrait-on expliquer la manière dont fut nourrie l'augmentation extraordinaire de la population dans l'intervalle, et comment les fermages de l'Angleterre et du pays de Galles en 1842 et 1843 surpassaient de 5 836 000 livres sterling (145 900 000 fr.) les fermages de 1814 et 1815!

« En fait, le pain de froment a presque partout remplacé les autres sortes de pain, la consommation du seigle, de l'orge, de l'avoine dans la partie nord et sud-ouest de l'Angleterre et du pays de Galles est devenue tout à fait insignifiante, toutes les classes vivent maintenant principalement de pain blanc, et dans ces dernières années on a vu s'augmenter la répugnance pour se servir d'une qualité inférieure de pain. En Écosse, le changement a été encore plus marqué qu'en Angleterre, et nous sommes dans la vérité en disant qu'on consomme aujourd'hui dix fois plus de froment en Écosse que dans l'année 1790. On peut dire aujourd'hui, avec vérité, que le sol et l'agriculture de la Grande-Bretagne fournissent à présent une nourriture suffisante pour la subsistance confortable d'au moins 5 millions d'habitants de plus qu'en 1820; ces résultats merveilleux ne doivent pas être attribués aux défrichements des landes ou à l'extension du labourage, il est dû principalement à l'amélioration des assainissements et des assolements, à l'adoption des procédés et d'instruments plus parfaits, etc.....

« Le prix du quarter de froment qui, de 1805 à 1810, était de 83 schellings 3 pence en argent, tomba si bas que dans les cinq dernières années qui finirent avec 1845 il n'était plus que de 54 schellings 9 pence; et cependant, malgré cette immense dépréciation des prix dans cet intervalle, il y eut une amélioration extrême dans l'agriculture accompagnée d'un vaste accroissement de la production et d'une grande augmentation de fermages ; cela tient aussi à l'application d'un grand capital à l'amélioration du sol. »

D, page 22.
TAILLE DES SOLDATS.

Art. 64 de l'ordonnance du roi du 10 décembre 1762, concernant l'infanterie française :

« Aucun capitaine, lieutenant ou sous-lieutenant ne pourra « s'absenter qu'en s'engageant à faire deux hommes de recrue « au-dessus de *cinq pieds deux pouces...* »

Art. 36 de l'ordonnance du roi concernant les régiments de recrue du 25 novembre 1766 :

« Les officiers et bas officiers recruteurs n'emploieront ni « séduction, ni violence, ni aucune autre supercherie pour dé- « terminer les sujets à s'engager ; Sa Majesté voulant qu'il ne « soit absolument admis que des gens de bonne volonté, de « l'âge de seize ans accomplis jusqu'à trente-cinq pendant la « paix et aussi de l'âge de seize ans accomplis jusqu'à quarante « pendant la guerre, de *la taille de cinq pieds un pouce au moins* « en temps de guerre pieds nus, et de *cinq pieds un pouce six* « *lignes* aussi pieds nus et d'espérance en temps de paix pour « l'infanterie, et de cinq pieds trois pouces au moins, aussi « pieds nus pour la cavalerie et les dragons. »

Art. 51. « Les hommes de recrue, à leur arrivée aux quar- « tiers d'assemblée du régiment de recrue, seront examinés « par le commandant du régiment en présence de l'aide-major « et du commissaire des guerres chargé de la police du régi- « ment, lequel dressera sur-le-champ un état de ceux qui « n'auront pas les qualités requises et prescrites, et l'enverra « aussitôt au secrétaire d'État ayant le département de la guerre, « on les réformera en même temps, mais l'officier qui les aura « engagés ne recevra rien pour leur engagement. »

Extrait de l'ordonnance du 1er décembre 1774, concernant les bataillons provinciaux et le mode de recrutement de l'armée :

TITRE IV. — DE LA LEVÉE.

Art 3. « La répartition desdits hommes sera faite par les in-
« tendants sur les villes et villages dépendants des provinces
« et généralités, eu égard au nombre d'hommes en état de
« servir qu'ils contiendront ; et il sera tiré au sort dans toutes
« les villes, bourgs et villages, sans exception, entre tous les
« garçons ou hommes veufs sans enfants, demeurant actuelle-
« ment dans les paroisses desdites villes, bourgs et villages, de
« l'âge de dix-huit ans et au-dessus jusqu'à quarante, de la
« *taille de cinq pieds au moins* sans chaussure et de force con-
« venable à servir. »

Extrait de l'ordonnance du roi du 25 mars 1776, portant
règlement sur l'administration de tous les corps, tant d'infanterie que de cavalerie :

Art. 13. « Il ne sera admis dans les recrues que des hommes
« sains et robustes, bien conformés et d'une volonté décidée
« pour le service, de *la taille de cinq pieds un pouce au moins*
« dans l'infanterie et les chasseurs, et de *cinq pieds trois pouces*
« dans la cavalerie et les dragons, de l'âge de seize ans accom-
« plis jusqu'à quarante, et pendant la guerre, de l'âge de dix-
« huit ans jusqu'à quarante-cinq. Ceux de ce dernier âge ne
« pourront cependant être admis qu'autant qu'ils auront pré-
« cédemment servi et se trouveront encore en état de repren-
« dre le service. »

*Extrait du règlement du 1ᵉʳ mars 1778, concernant les troupes
provinciales.*

TITRE Iᵉʳ.

« Art. 1ᵉʳ. Le nombre des bataillons qui seront levés dans
« les provinces du royaume, sera porté, à l'avenir, à cent six
« au lieu de cent cinq. »

TITRE VII.

« Art. 1ᵉʳ. L'intention de Sa Majesté est que la levée des
« hommes nécessaires pour compléter chaque bataillon de 710
« hommes, continue à se faire par sixième, sur ce pied, ainsi
« qu'il a été réglé par l'ordonnance du 1ᵉʳ décembre 1774.

« Art. 2. La levée du sixième des hommes qui devront

« remplacer chaque année, dans les bataillons provinciaux, les
« hommes qui seront congédiés, aura lieu. . . .

    « Art. 6. Veut Sa Majesté que les hommes qui ne se pré-
« senteraient pas pour tirer au sort, le jour indiqué, *ceux qui,*
« *après avoir subi le sort, s'engageraient dans ses troupes,* ou dé-
« serteraient, soient assujettis aux peines portées par l'art. 4 et
« les art. 6 et 9 du titre ix de l'ordonnance de 1774, concernant
« les régiments provinciaux. »

Extrait de l'ordonnance du roi, du 25 mars 1776.

    « Art. 10. Le temps des engagements dans l'infanterie fran-
« çaise et étrangère, les cavaliers, les dragons et les hussards,
« sera de huit ans. Veut Sa Majesté que les congés absolus
« soient exactement délivrés aux termes des engagements,
« même pendant la guerre.

    « Art. 3. Tout sous-officier, soldat, cavalier, dragon,
« chasseur et hussard qui, après avoir servi huit ans, désirera
« de continuer son service dans le même régiment, recevra
« pour prix d'un rengagement

    « Dans l'infanterie française. . . . .   100 francs.
    « Dans l'infanterie allemande et étrangère. . .   125
    « Dans la cavalerie. . . . . :   120
    « Dans les dragons et les hussards.   110

    « Après seize ans de service il recevra pour prix d'un se-
« cond rengagement... »

E, pages 5 et 26.

ACCROISSEMENT EXACT DE LA VIE MOYENNE ET POPU-LATION VRAIE DE LA FRANCE SOUS LOUIS XVI.

Lorsque M. Charles Dupin annonça à l'Académie des sciences,
avec l'autorité de sa parole et de ses chiffres, que de 1770 à
1845, la longévité s'était accrue de onze années, il n'y eut
qu'un cri d'admiration pour exalter nos institutions modernes
qui avaient amélioré à ce point notre pauvre humanité et pour
remercier le savant qui nous avait reconnu tant d'années à
vivre de plus que nos pères. Cette bonne nouvelle retentit partout et passe pour un article de foi. Aussi le *Journal des Débats,*

dans un premier-Paris du 31 décembre 1849, où il paraît rendre compte de *la Décadence de la France*, sans en citer toutefois ni une phrase ni même une idée, mais où, en réalité, il prend à partie les adversaires de la révolution française, a cru infirmer toute l'autorité des chiffres de mon livre, en disant, comme argument triomphal : La vie moyenne, depuis la Révolution, s'est accrue de dix années.

Et, cependant, cet accroissement est en très-grande partie une illusion et une fable.

Duvillard, qui a publié en 1806 ses tables de mortalité adoptées depuis par le Bureau des Longitudes, estimait la vie moyenne, sous Louis XVI, à vingt-huit ans trois quarts ; mais comme le même Bureau des Longitudes, dans l'*Annuaire* de 1849 (page 164), estime la vie moyenne à trente-trois ans six dixièmes, l'accroissement de la vie moyenne ne serait pas même de cinq années au lieu de onze. Je pourrais donc ici laisser les savants du Bureau des Longitudes combattre le savant M. Dupin.

Mais le chiffre de Duvillard n'est pas exact.

Pour arriver à déterminer la vie moyenne à vingt-huit ans trois quarts, Duvillard avait établi ses calculs d'après le nombre parfaitement connu des naissances et des décès et le chiffre d'une population totale adopté généralement alors, et même aujourd'hui, mais qui était très-peu certain et beaucoup trop bas, ainsi que j'espère le démontrer tout à l'heure.

M. Dupin a suivi les mêmes errements. Il estime la population de la France, en 1782, à 25 130 902 habitants ; mais, si la France avait réellement alors quatre millions de plus, tous ses calculs sont erronés et la vie moyenne était réellement plus longue qu'il ne l'annonce.

Examinons donc la grande question de savoir quel était le chiffre réel de la population sous Louis XVI ; ici, je le sais, je combats une erreur qui passe depuis soixante-dix ans pour une vérité incontestable, mais j'espère la détruire dans l'esprit de tout homme de bonne foi qui voudra lire ce qui suit [1] :

---

[1] M. Fayet a déjà prouvé dans un mémoire présenté à l'Académie des sciences morales et politiques que la population dépassait 30 millions en 1789, mais par d'autres raisons que les miennes. Voir le *Moniteur* du 21 janvier 1846, page 155,

Commençons d'abord par constater que le chiffre précis des naissances pendant les quatorze années de 1771 à 1784 (on n'a point de relevé général pour les années antérieures et postérieures) s'élève en totalité à 13 269 056 , c'est-à-dire en moyenne à........................... 947 789 par an.

Celui des décès à 11 883 918 et en moyenne à........................... 848 851

Et que l'accroissement moyen annuel de la population était de.................... 98 938

Le chiffre total des naissances, pendant les 14 dernières années de 1834 à 1847, s'élève à 13 599 369 en totalité et en moyenne à........................... 971 383 par an.

Celui des décès à 11 499 027 et en moyenne à........................... 821 359

Accroissement annuel de la population... 150 024.

Lorsque l'on voit qu'entre la première et la seconde période il n'y a pour les naissances qu'une différence de 23 594 par an en moyenne, c'est-à-dire d'un quarantième, et pour les décès qu'une différence de 27 492, c'est-à-dire d'un trentième à peu près, on comprend à l'instant qu'il ne peut pas y avoir entre les deux périodes une différence de longévité de dix ou onze ans, et une différence de population de neuf millions.

Mais arrivons aux preuves directes.

Avant la Révolution, jamais on n'a fait un recensement général contenant les noms, âges, professions et domiciles de tous les habitants. Par conséquent, on ne savait pas le chiffre vrai de la population. « Il n'était pas facile, dit Necker dans son ouvrage sur l'administration des finances, page 202, de faire le dénombrement général d'un si vaste pays, mais après en avoir ordonné de partiels, en différents lieux, on en a comparé le résultat avec le nombre des naissances, des morts et des mariages, et ces rapports, confirmés jusqu'à un certain point par les expériences faites dans d'autres pays, ont établi une mesure de comparaison à laquelle il est raisonnable d'avoir confiance. » Mais tous ces dénombrements partiels, qui ont servi de base pour apprécier le chiffre total de la population et

la vie moyenne étaient presque toujours au-dessous de la vérité par la négligence des personnes chargées de les faire, ou
par l'inexactitude volontaire des fonctionnaires de chaque localité qui craignant, ainsi que les contribuables, que ces dénombrements ne fussent un moyen d'augmenter leurs impôts,
cherchaient à diminuer le chiffre de la population. Cette dé-
fiance extrême du fisc était générale en France avant la Révolution et on en voit les preuves à chaque page, pour ainsi dire,
de l'histoire de ce temps.

La proportion établie par les commis des ministères ou les
économistes entre la population accusée par ces dénombrements et le nombre infiniment plus certain des naissances, mariages et décès, puisque les actes de l'état civil étaient déposés
chaque année aux greffes des bailliages, était donc erronée
et trop faible, de sorte que tous les états de population de la
France entière avant la Révolution sont très-inexacts.

Afin de connaître la vérité, il faut s'appuyer sur les données
positives de la science actuelle et éclairer les ténèbres du passé
par les lumières du présent.

Pendant l'empire et la restauration on a fait des recensements généraux; mais c'est pour le recensement de 1836
qu'on a commencé à mettre complétement dans les tableaux de
chaque commune les noms, âges, professions et domiciles de
tous les individus. Ce recensement, fait à une époque tran-
quille, porte la population de la France à 33 540 910.

Une preuve de son exactitude résulte de sa concordance avec
le recensement de 1841. D'après les actes de l'état civil, l'excédant des naissances sur les décès, pendant
les cinq années de 1836 à 1841, a été de...   700 997
en ajoutant à ce chiffre celui du recensement
de 1836..............................   33 540 910

on obtient un total de...................   34 241 907
Or, le recensement de 1841 s'élevant à....   34 230 178

la différence n'est donc que de..........   11 729

Il est évident que les deux recensements se contrôlent l'un
par l'autre et que celui de 1836 est aussi exact que possible.

La France avait donc, en 1836, 33 540 910 habitants;

remontons maintenant le cours des années, en nous arrêtant à des époques déterminées par de grands changements et nous arriverons au chiffre à peu près exact de la population en 1789.

Rien n'est plus facile que de connaître positivement le chiffre de la population au 1er janvier 1816, à la fin des grandes guerres de l'empire. De 1816 à 1836, dans cette période de paix constante, sauf quelques expéditions insignifiantes sous le rapport des omissions possibles dans les actes de décès, les registres contiennent toutes les naissances et tous les décès; il suffit donc de déduire des................ 33 540 910
habitants de 1836, l'excédant des naissances
sur les décès, du 1er janvier 1816 au 1er janvier 1836, qui se monte à............. 3 422 274

30 118 636

étaient donc la population exacte de la France au 1er janvier 1816.

Si la France n'avait eu que vingt-cinq millions d'habitants en 1789 comme on le croit généralement, il faudrait admettre que la population s'est accrue pendant la révolution et l'empire de 200 mille âmes par année, c'est-à-dire beaucoup plus que sous Louis XVI, et même beaucoup plus que pendant les plus belles années de paix et de prospérité qui ont suivi l'empire, puisque l'accroissement moyen de 1817 à 1844, n'a été que de 162 640 âmes par an : c'est absolument impossible ; il est donc de toute évidence qu'il y avait plus de 25 millions en 1789.

Si nous avions le relevé exact des naissances et des décès de 1789 à 1816, nous saurions, en déduisant ou en ajoutant aux 30 118 636 du 1er janvier 1816 le déficit ou l'excédant des naissances sur les décès, le chiffre exact de la population en 1789.

Mais il n'existe point de relevé général des actes de l'état civil de 1789 jusqu'au 1er vendémiaire an IX (23 septembre 1800). Dans la statistique générale du royaume, on trouve le relevé des actes de naissances et de décès du 23 septembre 1800 à 1816.

La population a-t-elle augmenté ou diminué entre ces deux époques?

D'après les actes de l'état civil, l'excédant
des naissances sur les décès, serait de......   1 983 971
Il faudrait donc pour connaître la population
au 23 septembre 1800, déduire ce chiffre des   30 118 636

habitants du 1er janvier 1816, resteraient...   28 134 665

Mais nous allons voir que l'excédant des naissances sur les
décès n'est réellement pas aussi considérable et que la déduction
à faire étant moins forte, la population en 1800 devait être de
plus de 28 134 665 habitants.

Si les registres sont exacts pour les décès de l'intérieur, évidemment ils ne contiennent pas les noms de la plupart des
hommes morts à la guerre, et il ne peut rester aucun doute
lorsqu'on examine le chiffre très-peu élevé des décès constatés
dans chacune des années où la guerre a causé de grandes
destructions d'hommes.

N'oublions pas que de 1771 à 1784, il y avait en moyenne
848 851 décès par an, et de 1817 à 1844, 806 131 décès.
Eh bien! de 1806 à 1816, le nombre moyen des décès est de
783 787 seulement, 65 064 de moins que sous Louis XVI, et
22 344 de moins que de 1816 à 1844. De sorte que pendant
ces neuf années de guerres continuelles et gigantesques qui
dévoraient autant d'hommes dans les hôpitaux, les ambulances,
les pontons anglais que sur les champs de bataille, on aurait
eu beaucoup moins de décès que dans les plus belles années de
paix et de prospérité, il n'y aurait eu, notamment en 1812,
année de l'effroyable désastre de Russie, que 769 531 décès,
et en 1813, année de la déroute sanglante de Leipsick, que
774 926. Évidemment, si les registres présentent moins de décès
de 1800 à 1816, que de 1771 à 1784 et de 1816 à 1844, c'est
non-seulement parce qu'il s'était fait une grande consommation
d'hommes dans les années antérieures de 1792 à 1800, mais
encore parce que la très-grande majorité des soldats qui mouraient sous les drapeaux n'était pas inscrite sur les actes des décès.

Et remarquons ici en passant que lorsque M. Dupin a calculé
un accroissement dans la vie moyenne de deux années et plus,
de 1803 à 1813, il n'a tenu nul compte de tous les morts qui

n'ont pas été inscrits sur les registres, et par conséquent est arrivé à un résultat erroné.

Nous trouverons la preuve évidente de l'inexactitude des actes de décès dans l'énorme déficit d'hommes qui existait à la fin des guerres de l'empire.

Le recensement de 1836, dont nous avons démontré l'exactitude, constate l'existence de......   16 460 701 hommes,

et...............................   17 080 209 femmes ,

Par conséquent, il y avait........   619 508   femmes de plus que d'hommes.

Maintenant quelle était la différence au 1er janvier 1816 ?

Du 1er janvier 1816 au 1er janvier 1836, l'excédant des naissances féminines sur les décès féminins est de 1 421 641, par conséquent, il faut déduire ce chiffre des 17 080 209 femmes en 1836. Restent 15 658 568 femmes en 1816.

L'excédant des naissances masculines sur les décès masculins, est de 1816 à 1836 de 1 854 874, il faut déduire ce chiffre des 16 460 701 hommes en 1836. — Restent 14 605 827 hommes au 1er janvier 1816.

Il y avait donc à cette époque   15 658 568 femmes ,

et............................   14 605 827 hommes,

Excédant des femmes..........   1 052 741

Dans un état normal, ne devrait-il pas, au contraire, y avoir plus d'hommes que de femmes ?

D'après l'Annuaire du Bureau des Longitudes (page 141) il naît en France 17 garçons pour 16 filles. Il est vrai qu'il meurt plus d'hommes que de femmes, même en temps ordinaire; le Bureau des Longitudes estime qu'il meurt 60 hommes pour 59 femmes (page 140, 1847).

En supposant qu'il soit mort moins d'hommes depuis 1816, précisément parce qu'il en était mort un très-grand nombre dans les guerres de la révolution et de l'empire, il n'en est pas moins vrai que dans un état normal, il ne meurt pas 17 hommes pour 16 filles, et que, sans les grandes guerres, au lieu d'un million 52 mille hommes de moins en 1816, on aurait dû trouver au moins 500 mille hommes de plus.

Et la preuve qu'il y a eu bien réellement une destruction

d'hommes non réparée alors de 1500 mille au moins, c'est que depuis la paix, la différence entre le nombre des hommes et celui des femmes tend chaque année à diminuer. En 1816,

excédant des femmes...................... 1 052 741
en 1836, d'après le recensement......... 619 508
en 1841, id. 445 382
en 1846, id. 318 738

Avant peu d'années, s'il ne survient pas de grandes causes de destruction, le nombre des hommes atteindra et surpassera celui des femmes.

D'après le déficit énorme d'hommes qui existait en 1816, nous devrions trouver sur les registres un nombre de décès d'hommes infiniment plus considérable que celui des femmes Du 1ᵉʳ janvier 1801 au 1ᵉʳ janvier 1817

nous trouvons.................... 6 544 459 décès
d'hommes et.................... 6 110 545 décès

de femmes ; la différence est de..... 433 914 seulement.

Dans la même période de seize années il y a eu un excédant des naissances mâles sur les naissances féminines de.......................... 475 027

De sorte que, loin de trouver un grand déficit d'hommes, le nombre des hommes comparés aux femmes se serait accru de.................. 41 113

Les actes de décès mis en regard des grandes guerres de l'empire et du grand déficit d'hommes qui s'est trouvé en 1816, prouvent donc qu'un nombre très-considérable d'hommes morts à l'étranger n'ont pas été inscrits, et que l'accroissement de population indiqué par l'excédant des naissances sur les décès du 23 septembre 1800 au 1ᵉʳ janvier 1816, ne doit pas être de 1 983 000, mais certainement beaucoup moins considérable. Si l'accroissement de population n'avait été que de 1 118 736 à peu près, au lieu de 1 983 971, en déduisant ce chiffre des 30 118 736 de 1816, il y aurait eu en 1800, 29 000 000 d'habitants ; évidemment on s'approche beaucoup de la vérité en adoptant ce chiffre.

Mais s'il ne pouvait pas y avoir moins de 29 millions d'habitants en 1800, il faudrait, pour que la population n'eût été, en 1789, que de 25 millions, qu'elle eût augmenté dans l'intervalle de 363 mille par an, ce qui est absolument impossible.

En 1790 et 1791, la population a pu augmenter. Mais depuis elle a dû nécessairement diminuer.

La guerre étrangère la plus meurtrière n'a pas cessé un seul instant, pour ainsi dire, de 1792 à 1800 ; pendant plusieurs années, toute la population virile, jeune et robuste, celle qui aurait fait produire à la terre bien plus que sa nourriture personnelle, celle qui aurait donné peu de décès en temps de paix, était sur les champs de bataille et moissonnée par le fer, les fatigues et les maladies ; un grand nombre de personnes ont péri dans les massacres, sur l'échafaud, dans l'émigration ; aux calamités de la guerre étrangère, il faut ajouter les calamités des insurrections de Lyon, de Toulon et la Vendée. Cette guerre de la Vendée, qui s'est étendue sur onze des principaux départements de la France, était une guerre d'extermination. Il est impossible que la population n'ait pas diminué durant cette période.

Je sais bien que l'on dit : la division des propriétés, la suppression des entraves du régime féodal, ont dû faire augmenter la population. — En admettant que cette division du sol soit favorable à l'accroissement de la population, il faut remarquer que les améliorations matérielles qui auraient pu augmenter les subsistances et le nombre des hommes, n'ont pu avoir lieu que d'une manière bien incomplète, de 1792 à 1800. Lorsque toutes les forces du pays étaient absorbées par la guerre, lorsque les réquisitions disposaient des hommes et des choses, à cette époque déplorable où les plus riches départements de la France étaient dévastés par une guerre civile d'extermination, les améliorations matérielles étaient l'espérance ; la misère, la famine, les grandes destructions d'hommes étaient la réalité ; il est impossible que la population n'ait pas diminué depuis 1792 jusqu'au 23 septembre 1800.

Le relevé des actes de l'état civil qui commence à cette époque donne la preuve de cette diminution.

Le gouvernement de Bonaparte ayant pacifié l'intérieur de la France et fait régner l'ordre, les registres de l'état civil furent exacts, au moins quant aux naissances. Du 23 septembre 1800 au 1er janvier 1816, la totalité des naissances, pour les départements formés de l'ancienne France, est de 14 089 313, et la moyennne par année, de 922 287. La moyenne, sous Louis XVI, était de 947 789, c'est donc une diminution de 25 502 ; et n'oublions pas que la France s'était accrue du comtat Venaissin et de la principauté de Montbeillard, population de 300 mille âmes à peu près, qui devait donner plus de 8 000 naissances. Cette diminution si considérable dans les naissances, n'indique-t-elle pas une diminution dans la population ?

Que si l'on prétend que les naissances ont été moindres sous le consulat et l'empire, parce qu'il y a toujours eu cinq à six cent mille hommes en garnison ou en campagne, qui ne se mariaient pas, parce qu'il y avait un grand nombre de personnes dont l'existence était sans cesse exposée, et la vie nomade au milieu de luttes perpétuelles de la France contre l'Europe ; nous ferons remarquer que de 1792 à 1800, les armées étaient encore plus nombreuses, toutes les existences bien plus bouleversées, l'anarchie sanglante à peu près partout, et que les naissances ont dû être encore bien moins considérables. Les grandes destructions d'hommes de 1792 à 1800 n'ont donc pas pû être réparées par les naissances.

Voici une nouvelle preuve positive de cette diminution.

Necker, dans son ouvrage sur l'administration des finances, donne la population des 68 principales villes de France en multipliant le nombre des naissances par 27, 28, 29 ou 30, selon le plus ou moins grand nombre d'étrangers. Pour Paris et Versailles seuls, il multiplie les naissances par 32 et 36, à raison du très-grand nombre d'étrangers qui y affluaient de toutes parts [1].

---

[1] Necker multiplie par 27 les naissances à Alençon, Angers, Angoulême, Auch, Bar-le-Duc, Blois, Bourges, Caen, Carcassonne, Cambrai, Châlons, Colmar, Dieppe, le Mans, le Havre, le Puy, Limoges, Lunéville, Mâcon, Moulins, Nevers, Orléans, Perpignan, Poitiers, Reims, Riom, Sédan, Saint-Étienne, Soissons, Tours, Troyes.

Par 28 les naissances d'Abbeville, Aix, Amiens, Arras, Bayonne, Besan-

La population totale de ces 68 villes s'élevait vers 1780 à........................ 2 563 500

D'après le recensement de 1806, la population de ces mêmes villes n'était plus que de 2 275 915

diminution, 287 585

On ne pourrait contester ce résultat qu'en disant deux choses :

Necker a porté trop haut la population en multipliant les naissances par 27, 28, 29 ou 30 ;

Le recensement de 1806 est inexact en moins.

Nous verrons bientôt que pour connaître la population générale de la France, on doit multiplier les naissances par un chiffre bien certainement supérieur à 29, par conséquent, en multipliant les naissances des villes qui attirent toujours des étrangers, par un chiffre moindre, Necker ne peut être qu'en deçà et non au delà de la vérité.

Quant au recensement de 1806, il porte la population de la France à 29 107 425 habitants, et nous venons de voir qu'en 1800, il est impossible que la population fût beaucoup au-dessus ou beaucoup au-dessous de 29 millions. Le recensement de 1806 est donc exact à peu de chose près, mais si l'on prétendait qu'il ne porte pas la population de ces 68 villes assez haut, il faudrait admettre qu'en 1806 la population était supérieure à 29 107 425 habitants ; dès lors, ce serait un argument pour porter la population de 1789 encore bien plus haut, puisqu'il est impossible qu'il y ait eu augmentation pendant les grandes guerres et l'anarchie de la Révolution.

çon, Cahors, Clermont, Dijon, Douai, Dunkerque, Grenoble, la Rochelle, Lille, Lorient, Metz, Montauban, Montpellier, Nancy, Nîmes, Pau, Rennes, Rochefort, Saint-Malo, Strasbourg, Saint-Quentin, Toulon, Toulouse, Valenciennes.

Par 29 les naissances de Brest, Nantes, Rouen.

Par 30 les naissances de Bordeaux, Lyon, Marseille.

Par 32 les naissances de Paris.

Par 36 les naissances de Versailles.

2ᵉ preuve de la diminution de la population de 1789 à 1800 :
Le recensement fait en l'an ix compte :

14 037 114 femmes
13 311 880 hommes,

725 225 hommes de moins que de femmes.

Nous ne prétendons pas que ce recensement soit exact quant au chiffre total ; évidemment même il doit être trop faible, mais il est parfaitement suffisant pour démontrer un grand déficit d'hommes ; et ce déficit n'a pu commencer que depuis la Révolution. Remarquons, en effet, que de 1763 à 1789, pendant vingt-six ans, il n'y avait pas eu de guerre continentale, et que la guerre maritime de 1778 à 1782 n'avait pu causer qu'une faible destruction d'hommes ; il est donc plus que probable qu'en 1789 le nombre des hommes surpassait celui des femmes. Lavoisier, dans son ouvrage intitulé : *De la richesse territoriale de la France*, donne un état approximatif de la population par âge et par sexe. Le chiffre des hommes est supérieur à celui des femmes de 307 746. En rapprochant ce chiffre de celui de 725 225 hommes de moins que de femmes en l'an ix, on reconnaît que la destruction d'hommes a dû être de 1 million au moins, et puisque la population était de 29 millions en 1800, elle devait être de 30 millions environ en 1789.

Remarquons encore ici que M. Dupin calcule qu'entre 1782 et 1803 l'accroissement de la vie moyenne a été de plus de six années. Évidemment il y a là une erreur considérable. Comment est-il possible qu'il y ait eu accroissement de la vie moyenne de 1792 à 1800 avec une des plus grandes destructions d'hommes dont l'histoire moderne fasse mention.

Calculant sur les actes de naissances et de décès, de 1817 à 1844, et sur les recensements qui sont aussi exacts que possible, l'Annuaire du Bureau des Longitudes (page 140, année 1847) estime que la vie moyenne est de 33,4 ans, qu'une naissance répond par conséquent à 33,4 habitants, et que c'est par ce chiffre qu'il faut multiplier les naissances pour avoir la population totale.

Il ajoute qu'il y a 10 naissances pour 8 décès, mais comme les naissances sont en moyenne pendant ces

28 années de............................ 968 771
et les décès de............................ 806 131

il n'y a pas exactement, comme il le dit, 10 naissances pour 8 décès, mais 10 naissances pour 8,32 décès.

S'il y avait eu sous Louis XVI comme de nos jours 10 naissances pour 8,32 décès, la vie moyenne aurait dû être exactement la même, et chaque naissance aurait indiqué 33,4 habitants ; les 947 789 naissances annuelles sous Louis XVI accuseraient une population de 31 656 150. Mais comme il y avait, de 1771 à 1784, 8,95 décès pour 10 naissances, la vie moyenne doit être réduite d'un treizième 21 centièmes : elle n'était donc, de 1771 à 1784, que de 30,88 années. Ainsi, au lieu de multiplier les naissances par 33,40, il faut multiplier par 30,88, ce qui donne une population de 29 268 604.

Ce chiffre se rapproche beaucoup de celui que l'on trouve d'après une indication de Buffon. Ce grand observateur, dans son livre *De la probabilité de la vie* (pages 511 et 541, tome X), pense qu'il faut, pour connaître la population, multiplier les décès par 35, et il s'appuie sur des recherches faites par lui-même avec soin. Les décès étant en moyenne de 848 851 de 1771 à 1784, ce chiffre donnerait 29 709 000.

S'il est certain que la population de la France était, au milieu des 28 années de 1817 à 1844, c'est-à-dire en 1830, de 32 413 000, il semble qu'il n'est pas moins certain qu'au milieu des 14 années de 1771 à 1784, c'est-à-dire en 1777, elle était de 29 268 604. De 1777 à 1784, la population a augmenté de 763 693 (excédant des naissances sur les décès). A la fin de 1784, il y avait donc 30 032 297, et de 1785 à 1789, la population a dû encore augmenter de 500 mille à peu près, et par conséquent la population était, en 1789, de 30 millions 5 à 600 mille.

La diminution de la population, de 1789 à 1800, a dû être de plus d'un million, et ce n'est qu'en 1820 que la France a eu le même nombre d'habitants qu'en 1789.

Malgré ces preuves si positives qui démontrent que la population ne pouvait pas bien certainement être au-dessous de 30 millions, plus d'une personne en doutera en comparant l'état des villes et des campagnes en 1789 à ce qu'il est de nos jours ; elles voient que presque partout le nombre des maisons a augmenté, que les faubourgs s'étendent, que les villes s'agrandissent, et elles ne peuvent pas croire que la population n'ait pas même augmenté d'un sixième depuis 1789. Cet aspect de la France prouve que l'aisance est plus grande, que l'on ne veut plus s'entasser dans des maisons étroites, que le luxe et le bien-être font des progrès dans toutes les classes, mais ne sont pas une preuve que la population ait augmenté dans une proportion extraordinaire. Nous pourrions citer plus d'une ville où le nombre des maisons a augmenté et la population diminué.

C'est le cas de rappeler ici un passage de l'*Histoire naturelle* de Buffon, qui, après avoir donné la liste exacte des naissances, décès et mariages de la ville de Paris, de 1721 à 1766, ajoute : « Cette première table semble démontrer que la population de cette grande ville ne va pas en augmentant aussi considérablement qu'on serait porté à le croire, par l'augmentation de son étendue et des bâtiments en très-grand nombre dont on allonge les faubourgs. Si, dans les 46 années, depuis 1721 jusqu'en 1766, nous prenons les dix premières années et les dix dernières, on trouve 181 590 naissances pour les dix premières années, et 186 813 pour les dix dernières, dont la différence 5223 ne fait qu'un trente-sixième environ. Or, je crois qu'on peut supposer, sans se tromper, que Paris s'est, depuis 1721, augmenté de plus d'un dix-huitième en étendue. La moitié de cette augmentation doit donc se rapporter à la commodité, puisque la nécessité, c'est-à-dire l'accroissement de la population, ne demandait qu'un trente-sixième de plus d'étendue. » (Page 512, tome X.)

Nous terminerons par une réflexion que sans doute plus d'une personne sensée aura faite avant nous. A l'époque de la république et de l'empire, la France, privée par les proscriptions et l'émigration d'une partie de ses enfants, dévorée par la guerre civile la plus meurtrière, résista cependant à presque toute l'Europe, et bientôt après déborda sur tous les États voisins. Quels qu'aient été le courage et le fanatisme de liberté et de gloire des armées républicaines et impériales, des événements aussi prodigieux ne s'expliquent que par une force réelle immense.

Revenons à la comparaison entre la vitalité, sous Louis XVI, et la vitalité de nos jours.

Dans les quatorze années de 1771 à 1784, les naissances se sont élevées à...................... 13 269 056

Les décès à.......................... 11 883 918

Augmentation de population...... 1 385 138

Avec une population de 29 268 694 en 1777, divisée par 947 789 naissances, et ensuite par 848 851 décès annuels, il y avait une naissance pour 30,88 habitants, et un décès pour 34,48, en moyenne, pendant la période des quatorze années, de 1771 à 1784.

Si l'on prend les quatorze années, de 1817 à 1830 inclusivement, on trouve en totalité..... 13 545 429 naissances.

Et.......................... 10 965 831 décès.

Augmentation....... 2 579 598

Et en moyenne par an......... 967 530 naissances

Et.......................... 783 273 décès.

Soit augmentation par an. 184 257

En prenant pour base le recensement de 1836, que nous avons reconnu très-exact, et en déduisant le chiffre d'accroissement des actes de naissance sur les décès, jusqu'au milieu des quatorze années, c'est-à-dire au 1er janvier 1824, la population était de 31 643 538 qui, divisée par le chiffre des naissances et celui des décès, donne une naissance par 33,71 habitants, et un décès pour 40,39 habitants.

Les quatorze années, de 1834 à 1847, donnent................ 13 599 364 naissances

Et.......................... 11 499 027 décès.

Augmentation........ 2 100 337

Et en moyenne par an......... 971 383 naissances

Et.......................... 821 359 décès.

Accroissement annuel..... 150 024

En prenant pour base le recensement de 1836, et en y ajoutant l'excédant des naissances sur les décès, jusqu'à la fin de 1840, il se trouve que la population était au milieu des quatorze années, c'est-à-dire au 1er janvier 1844, de 34 033 805 qui, divisée par le chiffre des naissances et des décès, donne une naissance pour 35,34 habitants, et un décès pour 41,43.

Ainsi la fécondité était plus grande dans la première période que dans les deux autres, et plus grande dans la seconde que dans la troisième, puisqu'il y avait pour la première

Une naissance sur.................. 30,88 habitants.
Pour la seconde, une naissance sur..... 33,71
Pour la troisième, une naissance sur... 35,34

Et la mortalité était plus grande dans la première que dans les deux autres, et très-peu plus considérable dans la seconde que dans la troisième, puisqu'il y avait :

Dans la première période, un décès pour 34,48 habitants.
Dans la seconde, un décès pour....... 40,39
Dans la troisième, un décès pour...... 41,43

Il ne faut pas oublier que la fécondité moins grande doit amener une mortalité moins forte. Comme sur cent enfants nouveau-nés, près de quinze meurent dans l'année même, et trente environ dans les cinq premières années réunies, plus les naissances sont multipliées, plus le chiffre des décès grossit rapidement.

Si, pour connaître la vie moyenne et approcher autant que possible de la vérité, on doit diviser, comme l'a fait M. Dupin, la population : 1° par les naissances ; 2° par les décès, et prendre la demi-somme des deux quotients,

La vie moyenne de la première période était de. 32,66
De la seconde de......................... 37,04
De la troisième de........................ 38,38

Et la différence de la vie moyenne, entre la première et la dernière époque, de 5,72 ans.

Mais il ne faut pas omettre une remarque de la plus haute importance ; l'accroissement de la vie moyenne n'indique pas que les *hommes* vivent plus longtemps. Avant la propagation de la vaccine, un très-grand nombre d'enfants en bas âge étaient emportés par la petite vérole et accroissaient le chiffre des décès, mais la vie moyenne des individus, à partir, par exemple, de l'âge de dix ans, n'était nullement diminuée. Ainsi, en Russie où, sur cent enfants, cinquante meurent avant cinq ans révolus, et où par suite de cette énorme mortalité, la vie moyenne paraît beaucoup moins longue qu'en France, nulle part les hommes ne jouissent d'une plus grande longévité. Grâce à la vaccine et à des soins plus grands, il meurt moins d'enfants aujourd'hui en France qu'avant 1789, mais la conservation d'enfants chétifs n'est pas une preuve que les hommes soient plus robustes et vivent plus longtemps, bien au contraire.

Je crois donc qu'il serait prudent de se résigner de bonne grâce à ne pas croire que nous sommes destinés à vivre dix ans de plus que nos pères. Que l'on ne me regarde pas pour cela comme un partisan fanatique de l'ancien régime ; s'il n'avait pas eu ses vices, il serait encore debout.

F, pages 30 et 105.

NOMBRE DES FONCTIONNAIRES ET AGENTS.

La loi du 19 mai 1849 imposait au ministre des finances l'obligation de faire distribuer aux membres de l'Assemblée législative un état détaillé de tous les emplois rétribués par l'État, les départements et les communes avec mention du chiffre des traitements, ainsi que des retraites, émoluments, etc.

Le ministre, dans une note sur le budget de 1850, page 64, fait remarquer à l'Assemblée que cet état exigerait cinquante volumes in-4° et 516 800 fr. de frais d'impression seulement.

Il donne le tableau suivant, qui contient le nombre des fonctionnaires et agents de tous grades et de toutes classes.

Ministères.	Nombre d'agents de tous grades.
Justice [1]	11 100
Affaires étrangères	632
Instruction publique	50 000
Intérieur [2]	344 000
Agriculture	» »
Travaux publics [3]	10 000
Guerre	30 000
Marine	13 633
Finances	76 000
	535 365

[1] Non compris 18 000 agents ou légionnaires payés sur le budget de la Légion d'honneur.

[2] Le nombre des agents payés par les communes s'élève à lui seul à 300 000.

[3] Non compris 15 000 cantonniers de route.

G , page 54.

FINANCES.

Depuis quelque temps de grandes discussions ont eu lieu sur l'administration des finances sous Louis-Philippe , et l'art de grouper les chiffres selon le parti qu'on avait pris d'avance fait chaque jour de nouveaux progrès.

Voici le chiffre exact des payements de toute espèce et des recettes effectives de chaque année, sans distinction d'exercice de 1835 à 1847 inclusivement. A côté des recettes réelles, provenant des revenus de l'État, ou des impôts, se trouvent les ressources extraordinaires qui ne sont que des emprunts ou l'application aux dépenses de sommes destinées primitivement à l'amortissement.

	En 1835.	Sans compter en ressources extraordinaires :
Recettes réelles.........	1 021 962 661^f 34^c	18 018 980^f 00^c
Dépenses payées........	1 017 403 042 01	
Excédant des recettes sur les dépenses...............	4 559 619 33	
	En 1836.	
Recettes réelles...	1 058 843 934^f 49	1 033 325 26
Dépenses payées........	1 038 387 577 53	
Excédant des recettes sur les dépenses...............	20 456 356 96	
	En 1837.	
Recettes réelles..	1 074 778 462^f 37^c	Aucune ressource extraordinaire.
Dépenses payées........	1 065 107 477 70	
Excédant des recettes sur les dépenses...............	9 670 984 67	
	En 1838.	
Recettes réelles........	1 110 483 109^f 58^c	Aucune ressource extraordinaire.
Dépenses payées.......	1 086 778 986 51	
Les recettes excèdent les dépenses de...............	23 704 123 07	

Ainsi pendant ces cinq années les recettes excèdent les dépenses. Il n'en est pas de même dans les années suivantes.

En 1839.

Recettes réelles........	1 123 379 680^f 50^c	Aucune ressource
Dépenses payées.. ...	1 198 228 785 86	extraordinaire.

Déficit entre les recettes et les dépenses 74 849 105 36

Sans compter en ressources extraordinaires :

En 1840.

Recettes réelles........	1 157 126 333^f 53^c	148 256 000^f 00^c
Dépenses payées.......	1 298 514 449 72	

Déficit entre les recettes réelles et les dépenses.. ... 141 388 116 19

En 1841.

Recettes réelles	1 201 692 985^f 10^c	168 303 433 34
Dépenses payées........	1 455 849 453 84	
Déficit........	254 156 468 74	

En 1842.

Recettes réelles.......	1 250 031 264^f 13^c	147 472 265 14
Dépenses payées........	1 431 469 158 31	
Déficit........	181 437 894 18	

En 1843.

Recettes réelles.......	1 268 315 871^f 74^c	970 219 57
Dépenses payées........	1 404 779 725 35	
Déficit........	136 463 853 61	

En 1844.

Recettes réelles........	1 291 366 583^f 37^c	32 890 364 79
Dépenses payées........	1 410 765 736 60	
Déficit........	119 399 153 23	

En 1845.

Recettes réelles........	1 314 160 023^f 94^c	198 630 932 31
Dépenses payées.......	1 453 875 144 91	
Déficit........	139 715 120 97	

À reporter............................ 696 523 215 15

Report.................... 696 523 215^f 15^c

En 1846.

Recettes réelles........	1 341 810 272^f 91^c	68 478 702 90
Dépenses payécs.......	1 541 152 925 04	
Déficit........	199 342 652 13	

En 1847.

Recettes réelles........	1 327 941 421^f 58^c	3 836 794 74
Dépenses payées.......	1 620 944 911 19	
Déficit..... ..	293 003 489 61	

768 838 712^f 79^c

La totalité des déficits entre les recettes réelles et les dépenses, s'élève pendant les neuf années de 1839 à 1847, à................................ 1 539 755 854^f 02^c

Si l'on compte les ressources extraordinaires en déduction............ 768 838 712 79

Il reste........ 770 917 144 23

non couverts ni par les recettes réelles ni par les emprunts ou détournements des rentes de l'amortissement, et qui ont dû tomber dans la dette flottante.

Du reste, au nombre des dépenses figurent chaque année le fonds de l'amortissement et l'intérêt des rentes rachetées par lui, et pour connaître le déficit véritablement réel, entre les recettes effectives et les dépenses soldées à des tiers, il faudrait déduire du chiffre des dépenses tout ce qui a été donné chaque année à la caisse de l'amortissement.

Mais le fait capital c'est que dans l'espace de treize ans les dépenses annuelles se sont accrues de 603 millions.

En 1848.

		Non compris en ressources extraordinaires :
Les recettes réelles y compris l'impôt des 45 centimes s'élèvent à...	1 329 731 809^f 91^c	229 260 487^f 28^c
Les dépenses payées à...	1 692 181 111^f 48^c	
Déficit.......	362 449 301^f 57^c	

Dans le compte général de l'administration des finances,

rendu pour l'année 1847, M. le ministre des finances a fait connaître, à la page 368 et suivantes, les résultats généraux sur les budgets de 1830 à 1847. Voici un extrait constatant les recettes ordinaires et les dépenses ordinaires et extraordinaires.

	Recettes ordinaires.	Dépenses ordinaires et extraordinaires.
1830,	971 035 503	1 095 142 115
1831,	948 623 042	1 219 310 975
1832,	984 737 797	1 174 350 197
1833,	990 274 314	1 134 072 914
1834,	1 007 504 349	1 063 559 443
1835,	1 020 838 394	1 047 207 680
1836,	1 053 189 488	1 065 899 188
1837,	1 076 164 588	1 078 902 494
1838,	1 110 651 859	1 136 188 851
1839,	1 123 791 139	1 179 046 335
1840,	1 160 498 099	1 363 711 102
1841,	1 197 750 956	1 425 239 623
1842,	1 256 257 751	1 440 974 148
1843,	1 270 069 971	1 445 265 740
1844,	1 297 899 408	1 428 133 942
1845,	1 330 218 735	1 489 432 101
1846,	1 351 765 833	1 566 525 591
1847,	1 352 188 402	1 664 200 897

Dans une circonstance récente et assez grave à l'Assemblée nationale, j'avais annoncé que les dépenses s'étaient accrues en dix ans de plus de cinq cent millions. M. le ministre des finances a voulu contester le fait ; on voit cependant la preuve de cette vérité. Comme la comptabilité était la même, contenait les mêmes objets, et notamment les fonds spéciaux des départements et des communes en 1837 comme en 1847, il est bien évident que toute équivoque est impossible. Remarquons en passant que les communes et les départements n'ont pu établir la moindre imposition extraordinaire, ni faire le moindre emprunt sans l'autorisation du gouvernement.

S'il pouvait rester le moindre doute, il serait levé par le tableau suivant :

Les dépenses et droits constatés au profit des tiers, d'après les comptes définitifs, se montaient à

Ministères.	Exercice 1837.	Exercice 1847.	Augmentation.
Justice.	19 331 915^f 70^c	27 404 107^f 16^c	8 072 191^f 46^c
Impr. royale.	2 310 491 59	3 106 456 79	795 965 20
Cultes.	35 424 483 12	39 109 694 72	3 685 211 60
Aff. étrang.	7 231 716 47	10 215 123 67	2 983 407 20
Instr. publ.	13 735 274 58	18 369 610 00	4 634 335 42
Intér. avec le budg. annexe.	79 932 387 42	133 548 301 46	53 615 914 04
Agriculture et Commerce.	11 750 982 63	14 035 258 94	2 284 276 31
Trav. publics.	75 292 922 02	204 139 100 57	128 846 178 55
Finances.	552 805 602 06	659 517 507 03	106 711 904 97
Guerre.	230 699 987 40	374 299 209 15	143 599 221 75
Marine.	67 118 519 08	128 930 129 01	61 811 609 93
	1 095 634 082 07	1 612 674 498 50	517 040 416 43

Il n'y a eu de diminution que sur le budget particulier de la Légion d'honneur qui était :

En 1837, de.......... 9 022 281 62

Et en 1847, de.. ..... 7 668 412 05

Réduction........ 1 353 869 57

de sorte que la totalité des dépenses, était en 1837, de 1 104 656 363 fr. 69 c.; en 1847, de 1 620 342 910 fr. 55 c.; et l'excédant des dépenses de 515 686 546 fr. 86 c.

Nous ne nous occupons pas ici de l'utilité plus ou moins grande de chaque dépense.

Les recettes ordinaires, il est vrai, ont augmenté considérablement pendant ces dix années, mais beaucoup moins cependant que les dépenses; les droits constatés au profit du trésor (y compris les fonds spéciaux des départements et des communes) se sont élevés,

Pendant l'exercice 1837 à..... 1 084 377 668 fr. 30 c.

Pendant l'exercice 1847 à..... 1 345 885 388 50

Augmentation de recettes en dix années.................. .... 261 507 720 fr. 20 c.

Report......   261 507 720 fr. 20 c.

Mais comme l'augmentation de
dépenses était de..............   515 686 546 fr. 86 c.

La différence entre l'accroissement de dépenses et l'accroisse-
ment de recettes était encore de..   254 178 826 fr. 66 c.

H, page 43 et 101.

COLONISATION DE L'ALGÉRIE.

Le gouvernement veut coloniser l'Algérie par des ouvriers pauvres et sans ouvrage, qui recevront les instruments de travail et seront entretenus jusqu'à ce qu'ils puissent se suffire à eux-mêmes, le tout aux frais de l'État. Avec ce système, il est bien évident que personne ne voudra se rendre en Algérie pour y être colon à ses propres frais; personne n'est assez sot pour puiser dans sa bourse lorsqu'on lui ouvre celle de l'État.

Voyons ce qu'il en coûtera avant d'avoir en Algérie une colonie viable, c'est-à-dire assez nombreuse pour vivre par elle-même et résister à l'intérieur et à l'extérieur, en cas de guerre avec l'Angleterre. Supposer qu'une milice effective de 50 000 hommes, auxiliaire de l'armée, serait suffisante pour assurer l'avenir de la colonie, c'est adopter un chiffre très-bas. Pour avoir une milice de 50 000 Français, il faudrait au moins 100 000 familles. Or, qu'est-ce que coûtera une famille à l'État ? Le général de division de Bourjolly, inspecteur général en Afrique, dans un écrit tout récent s'exprime ainsi :

« En portant à 7000 francs les dépenses occasionnées par chaque famille, je crois qu'on reste au-dessous de la vérité.

La maison coûte en moyenne..................   1800ᶠ

Frais approximatifs de baraquement...........   200

Frais de défrichement pour 7 hectares, à 150 fr.
par hectare.................................   1050

Rations de vivres pour 4 personnes pendant 3 ans.   1927

Une truie....................................   80

Un bœuf.....................................   100

A reporter.................................   5157

Report.................. 5457

Une charrue pour 5 familles (par famille)........ 16
Réparation de cette charrue pendant 3 ans....... 50
Une charrette pour 10 familles (part de l'une).... 20
Réparations pendant 3 ans...................... 25

Total......... 5268ᶠ

Joignez à cela :

Frais généraux à Paris......................
Transport de France en Afrique..............
Rations d'orge données pendant 4 ou 5 mois....
Deux quintaux de semences que l'on sera certaine-
ment obligé de doubler et même renouveler plu-
sieurs fois................................
Prestations extraréglementaires, telles que linge,
vêtements que les colons doivent payer et qu'ils ne
payeront jamais.. ....
(Des colons sont déjà partis avec des débets de
compte de 100 francs.)
État-major, directeurs, inspecteurs, greffiers, mo-
niteurs d'agriculture, médecins, commis, prêtres, etc.
Transport des malades aux hôpitaux centraux...
Pour médicaments à l'hôpital, pharmacie, outils,
leurs réparations, leur remplacement..........
Travaux d'utilité publique, chemins, conduites
d'eau, églises, etc., etc......................

« La non-réussite de la moitié des familles augmentera
singulièrement le prix de revient de celles qui resteront. Il
faut encore faire entrer en ligne de compte les secours que l'on
sera obligé de donner après les trois ans. Maintenant, si
on ajoute au chiffre 7000 francs, les dépenses occasionnées
en pure perte, par les morts, les retours en France, ou les
non-succès, on verra à quelle somme énorme on arrive. »
Chaque famille de colons réels et effectifs coûtera à l'État,
en définitive, au moins 10 000 francs, et avec ce système,
pour que la colonie fût capable de produire une milice de
50 000 hommes, il faudrait prendre 1 milliard à la France.

Mais cette colonisation par l'État, même avec des sacrifices énormes, est impossible ; elle est impossible lors même que les colons ne seraient pas de pauvres ouvriers des villes incapables de se livrer aux rudes travaux des champs, mais de robustes manœuvres agricoles ; écoutons sur ce point, une personne très-compétente, M. Moll, professeur d'agriculture au Conservatoire :

« Tout le monde m'accordera, je pense, que ce n'est pas tout de jeter sur le territoire algérien, un nombre plus ou moins considérable de familles de cultivateurs auxquelles on concéderait des terres : pour coloniser sérieusement, fructueusement, c'est-à-dire pour que ces familles s'établissent d'une manière définitive, s'implantent sur ce sol nouveau, en constituent la population, et loin de s'y amoindrir, s'y accroissent et s'y développent, une condition est indispensable, c'est que ces familles prospèrent. Pour cela il faut qu'elles fassent de la culture, qu'elles produisent des denrées échangeables. Or, l'agriculture exige, comme toute autre branche de production, le concours de trois éléments : *travail, capitaux, intelligence.*

« Certes les bras sont indispensables pour exploiter le sol de l'Algérie ; mais de même que la machine à vapeur la plus puissante cesse absolument de fonctionner lorsqu'elle manque de combustible, et devient, non pas seulement inutile, mais dangereuse, lorsque marchant elle manque d'une direction intelligente, de même les bras ne sont rien sans les capitaux pour les nourrir, l'intelligence pour les guider : ceci est l'*a b c* de l'économie politique.

« Or, les petits cultivateurs que le gouvernement place dans les nouveaux villages, ont bien leurs bras, mais la plupart manquent de moyens pécuniaires, et tous, ou presque tous des connaissances nécessaires pour réussir. Mais, dira-t-on, leurs connaissances pratiques, leur expérience en agriculture. Leur expérience ! Sait-on ce que c'est ? C'est la connaissance d'un ensemble de faits non expliqués, qui se rapportent exclusivement à la commune qu'ils habitaient, souvent même aux champs qu'ils cultivaient, connaissance toujours insuffisante, même pour la localité où elle a pris naissance, à plus forte raison incomplète, défectueuse, fausse pour toute autre contrée et surtout pour un pays aussi exceptionnel que l'Algérie. Avec cette expérience, le colon du nord fait du blé, de l'orge, de l'avoine, du trèfle, des pommes de terre, comme il les faisait chez lui. Il plante ces dernières en avril, assez tôt pour que le végétal se développe, assez tard pour qu'il périsse infailliblement par la sécheresse. Il taille sa vigne court et n'a rien ; il traite ses bestiaux comme en France et les perd, ou ne réussit à les conserver que par des dépenses hors de proportion avec le résultat. De cotonniers, d'oliviers, de figuiers, d'amandiers et de toute cette série de cultures méridionales qui constituent la richesse de l'Algérie, il n'en est pas plus question qu'en Franche-Comté, en Lorraine et en Alsace.

« Sans doute, le colon du midi évitera une partie de ces grosses erreurs... Cela n'empêche pas qu'il y commettra également bien des fautes, et qu'il aura une dure école à y faire. J'ai vu à Marseille les restes de plusieurs pauvres familles de cultivateurs provençaux qui revenaient de l'Algérie, après y avoir perdu leur petit patrimoine et plusieurs de leurs membres. Arrivées en Afrique avec quelque aisance, elles avaient tout dépensé en constructions ou travaux de défrichement et en denrées nécessaires pour vivre ; et lorsqu'enfin elles espéraient recueillir le fruit de tant de labeurs, les récoltes traitées à la manière de leur pays leur avaient fait défaut ou avaient donné un rendement si minime qu'elles n'avaient pas payé les frais......

« Ce que je dis des Provençaux s'applique également aux colons des Baléares, de l'Andalousie, de Valence, de Malte, etc.

« Certes il y a d'excellentes choses à prendre dans l'agriculture de ces diverses contrées ; mais introduire en bloc l'une de ces agricultures, sans lui faire subir les nombreuses modifications nécessitées par les circonstances agricoles toutes spéciales de l'Algérie, ce serait se condamner d'avance à d'inévitables échecs.

« Or, jamais le cultivateur n'apportera spontanément la moindre modification à ses habitudes routinières : qu'on le transporte sous l'équateur ou le cercle polaire, il y appliquera invariablement les notions locales qu'il a puisées dans l'exemple de ses pères ; d'ailleurs, il voudrait changer qu'il ne le pourrait pas, faute de connaissances et d'argent.

« L'homme instruit, qui a étudié l'agriculture non-seulement comme art mais aussi comme science, est seul capable d'arriver, après un examen approfondi des circonstances locales, à la détermination du système de culture à suivre dans chaque situation donnée. Cela est vrai pour l'Algérie où tout est à créer ; cela est encore vrai pour les divers pays de l'Europe où règne déjà une agriculture plus ou moins avancée.

« Partout, en effet, la grande culture a été la cause principale ou plutôt unique du progrès. C'est à ses *landlords*, à ses *gentlemen farmers* que l'Angleterre doit l'état avancé de son agriculture, aujourd'hui la première du globe. Si la France est arriérée, c'est au contraire parce que tout en possédant de la grande propriété, elle n'a pas ou n'a presque pas de grande culture ; et une des principales causes du peu de succès de nos tentatives de colonisation, c'est que la grande culture, faute d'instruction, n'y a pas rempli la mission qui lui était dévolue, celle de marcher en avant, de guider la petite culture dans la bonne voie.

« Que l'on examine ce qui s'est passé dans d'autres colonies, et notamment dans la plus récente de toutes, à la Nouvelle-Galles du Sud, et l'on verra la confirmation de ce que j'avance ici. Le succès de cette colonie, si longtemps languissante, date du jour où de riches et habiles fermiers anglais vinrent y apporter leur intelligence et leurs capitaux.

« Cette influence de la grande culture se conçoit. Seule elle peut se tenir au courant de la science, elle peut connaître les découvertes, les améliorations qui s'accomplissent ailleurs ; seule elle possède assez de connaissances et de capitaux pour pouvoir expérimenter avec succès.. ... Que l'on passe en revue les nombreux et importants perfectionnements qui se sont effectués depuis un siècle dans l'agriculture des diverses parties de l'Europe, et l'on verra que tous ou presque tous sont dus à la grande culture.....

« Bien loin d'avoir été à la tête du progrès, la petite culture lui a été presque toujours hostile. Ce n'est qu'à son corps défendant, et après avoir eu pendant de longues années sous les yeux les preuves irrécusables de la supériorité des innovations introduites par la grande culture, qu'elle s'est décidée à les adopter.

« Si la grande culture est utile partout, on peut dire qu'elle est indispensable en Algérie ; car là, il ne s'agit pas, comme en France, de perfectionner une chose qui existe, une agriculture donnant déjà des résultats ; il s'agit de créer de toutes pièces un système de culture dans un pays à peu près inculte, sans faits antérieurs, sans antécédents qui puissent servir de guide, et au milieu de circonstances agricoles entièrement différentes de celles qui règnent en Europe. Autant vaudrait charger un aveugle du tracé d'une route dans une localité nouvelle pour lui, que d'attendre de nos petits cultivateurs la combinaison d'un système rationnel de culture dans une occurrence semblable.

« Que l'on cesse donc de se montrer hostile à la grande propriété qui, en Afrique, deviendra forcément de la grande culture. Si elle peuple moins que la petite, qu'on ne perde pas de vue qu'elle est une condition indispensable du succès de celle-ci. Ces *Messieurs*, que quelques personnes semblent vouloir mettre à l'index aujourd'hui, non-seulement apportent en Algérie les capitaux qui seuls peuvent vivifier le pays, et dont profiteront naturellement les colons-paysans, mais encore ils se livreront aux études et aux essais nécessaires pour arriver à la connaissance des assolements, procédés, plantes, bestiaux, instruments, spéculations les plus appropriées aux circonstances diverses du pays, pour trouver enfin cette voie dans laquelle s'engagera la petite culture.

« D'un autre côté, la grande culture qui seule ne saurait peupler convenablement notre colonie, ne saurait pas davantage se suffire à elle-même. Quel que soit le système qu'elle adopte, à certaines époques elle aura besoin d'un supplément de bras qu'elle ne pourra trouver que dans la petite culture. De la réunion de la grande et de la petite culture en Algérie peut donc seul résulter le succès de la colonisation, car elles viendront se compléter mutuellement. » (Extrait de l'ouvrage de M. Moll, professeur d'agriculture au Conservatoire, *sur la Colonisation et l'agriculture en Algérie*, t. II, p. 9.)

La commission d'inspection des colonies agricoles de l'Algérie, qui avait choisi pour rapporteur M. Louis Reybaud, vient de faire son rapport officiel au ministre de la guerre. Il confirme par les faits exposés ce que disent le général de Bourjolly et M. Moll.

Après avoir rendu compte de l'état physique et moral des villages de colons et de l'importance des défrichements opérés en grande partie par nos soldats et les Arabes, et qui, malgré ce concours puissant ne s'étendaient encore que sur 3966 hectares au 30 juin dernier, ce qui fait 94 hectares par village et 88 ares 09 centiares par famille, la commission ajoute :

« En regard de ces minimes résultats on s'effraye de placer
« le chiffre des dépenses, qui déjà s'élèvent à 8 680 911 fr.
« 90 c. Pour achever l'œuvre commencée il faudra encore
« 14 922 282 fr. 48 c., ce qui forme un total de 23 608 194 fr.
« 38 c. Avec cette somme on aura fondé 42 villages composés
« de 4502 familles ou 13 628 âmes, ce qui constitue par vil-
« lage une dépense de 562 052 fr. 25 c., par famille de
« 5242 fr. 90 c. et par individu de 1731 fr. 96 c. Ajouter
« quelque chose à ces chiffres, c'est beaucoup oser, beaucoup
« prétendre, et pourtant c'est le seul moyen de se porter judi-
« cieusement au secours des sommes engagées. Mieux vaut
« concentrer ses efforts sur moins de points et s'en tirer avec
« honneur. S'il ne devait sortir de tant de sacrifices et de tant
« d'essais que des villages frappés de langueur, peuplés d'in-
« dolents et de malheureux, c'en serait fait aux yeux du
« monde et de l'Algérie et du principe même de la colonisa-
« tion. ... »

Suivent ensuite les demandes de nouvelles dépenses à faire par l'État, de sorte que les 23 millions 608 mille francs pourraient bien aller à 30 millions.

30 millions pris dans les poches des contribuables français pour établir en Algérie 4 à 5 mille familles et mettre en valeur 57 571 hectares formant le territoire entier des villages des colons !

Mais on n'arrivera pas même à ce maigre résultat, on ne fera que du gaspillage et de la misère.

(K) pages 46 et 82.

NOMBRE DES ÉLÈVES A PARIS ET EN PROVINCE.

Extrait des notes du rapport au Roi, du ministre de l'Instruction publique du 31 décembre 1838 (page 142).

ÉCOLES DE DROIT.

Nombre moyen des étudiants en 1836-37 :

Paris......................... 2935 ⎫
Départements................. 1779 ⎬ 4714
                             ⎭

Nombre moyen des étudiants en 1837-38 :

Paris......................... 2868 ⎫
Départements................. 1788 ⎬ 4656

FACULTÉS DE MÉDECINE.

Nombre moyen des étudiants en 1836-37 :

Paris......................... 1742 ⎫
Départements................. 592 ⎬ 2334

Nombre moyen des étudiants en 1837-38 ·

Paris......................... 1422 ⎫
Départements................. 432 ⎬ 1854

FACULTÉS DES SCIENCES.

Nombre des examens aux Facultés des sciences en 1836-37 :

Paris......................... 232 ⎫
Départements................. 168 ⎬ 400

Nombre des examens en 1837-38 :

Paris......................... 543 ⎫
Départements................. 295 ⎬ 838

FACULTÉS DES LETTRES.

Nombre des examens en 1836-37 :

Paris......................... 2136 ⎫
Départements................. 888 ⎬ 3024

Nombre des examens en 1837-38 :

Paris...................................... 1886 }
Départements.................. 805 } 2691

COLLÉGES ROYAUX AU NOMBRE DE 43.

Total des élèves, pensionnaires, demi-pensionnaires et externes, au mois de novembre 1838............. 16 430

Sur quoi :

Externes................................. 9 666
Demi-pensionnaires.................... 516

Sur ce total les colléges royaux de Paris avaient :

Bourbon.................................. 894
Charlemagne............................ 812
Henri IV................................. 907
Louis le Grand......................... 1031
Saint Louis............................. 947
____
4588

Versailles (que l'on peut regarder comme un
faubourg de Paris..................... 481

(L) pages 50, 110 et 122.

NOMBRE DES JEUNES GENS DE CHAQUE CONTINGENT (DE 80 000) EMPLOYÉS AUX TRAVAUX DE LA CAMPAGNE, ET ACCROISSEMENT DES VILLES.

Classe de

1834....................................... 43 400
1835....................................... 42 240
1836....................................... 41 247
1837....................................... 40 061
1838....................................... 39 835
1839....................................... 39 601

Classe de
1840............................... 38 573
1841............................... 38 470
1842............................... 39 203
1843............................... 38 831
1844............................... 39 581
1845............................... 38 865
1846............................... 39 111

La population totale de toutes les villes, ayant d'après le dernier recensement au-dessus de 20 mille âmes, s'élevait en 1846 à........................... 3 050 875

D'après le recensement de 1831 elle n'était que de................... 2 588 697

Augmentation..................... 462 178

La population totale de la France était, d'après le recensement de 1831, de..................... 32 560 934

D'après celui de 1846, de............. 35 401 761

Ainsi l'accroissement dans ces villes a été une fois plus rapide que celui de la France entière.

Parmi ces villes nous remarquons :

	en 1831.	en 1846.
Marseille............	145 115	167 877 habitants.
Brest..............	29 860	35 163
Nîmes.............	41 266	49 442
Toulouse...........	59 630	83 489
Bordeaux...........	106 497	120 203
Montpellier.........	35 825	40 105
Tours.............	23 235	27 120
Saint-Étienne........	33 064	47 302
Angers............	32 743	40 628
Cherbourg..........	18 443	23 013
Reims.............	35 971	42 538
Nancy.............	29 783	38 795
Lorient............	18 322	20 991
Roubaix...........	18 187	30 858

Tourcoing............	17 973	26 496
Boulogne............	20 856	29 741
Strasbourg..........	49 712	62 094
Mulhouse...........	13 300	29 085
La Guillotière.......	18 294	33 428
Lyon..............	133 715	161 763
Le Mans............	19 792	24 153
Paris..............	774 338	945 721
Belleville...........	8 179	25 736
Le Havre...........	23 816	27 053
Toulon.............	28 419	45 434
Limoges............	27 070	34 180

FIN.

TABLE DES MATIÈRES.

NOTES.

FIN DE LA TABLE.

www.ingramcontent.com/pod-product-compliance
Ingram Content Group UK Ltd.
Pitfield, Milton Keynes, MK11 3LW, UK
UKHW021051230726
13926UKWH00004B/1792